EN SCENE II

Troisième édition

場面で学ぶフランス語2［三訂版］

Momoyo Takahashi

Hirokazu Hayashi

Cédric Yahyaoui

Brigitte Hori

SANSHUSHA

音声ダウンロード＆ストリーミングサービス（無料）のご案内

https://www.sanshusha.co.jp/text/onsei/isbn/9784384232141/index.html

本書の音声データは、上記アドレスよりダウンロードおよびストリーミング再生ができます。ぜひご利用ください。

はじめに

　本書は，« En Scène I »（『場面で学ぶフランス語 I 』）の続編として編まれました。

　日常生活におけるさまざまな場面を中心にフランス語でのコミュニケーション能力を開発するという基本方針に変わりはありません。

　学生諸君が，「読んで，訳して，理解して終了」という monologue（ひとり言）的学習に甘んじることのないように，各 Dialogue（対話）は，自分ならばこう発信するという反応を誘うよう工夫されています。改訂版の作成にあたっては，使われる文をなるべく短くし，応用可能な表現が覚えやすいものとなるようこころがけました。

　Activité は Dialogue に類似した内容の，「発信の場」という位置づけです。練習指示の枠内にとどまらず，自由な発想と展開をこころがけ，自分を「発信」してみましょう。そうすれば，こんなときどう言えばいいのか？単語は何？と次々に疑問が生じてくるでしょう。ペアあるいはグループ学習のさい，疑問が生じれば，迷わず « Comment dit-on ... en français ? »とたずねましょう。

　語学習得の喜びは，その言語を話す国の人々がどのような生活習慣をもち，どのように考え，生活をしているのか，そうした事柄を知ることによって学習者の世界観が広がることにあります。そして，フランスと日本とではどのような点で異なっているかを知り，それらをどう受け止め，どう行動するかを考える，つまり自分自身を相対化できる視点を持つようになることにも語学学習の大きな意義があるといえます。こうした観点も視野に入れ，本書ではフランスの今に密着したテーマを選びました。

　本書を通じて，みなさんがフランス語で話す喜びを味わい，また異文化理解を一層深められるよう期待しています。

著者一同

新正書法について Réforme de l'orthographe

　フランスでは，2016 年 9 月から小学生の教科書には新正書法を採用することになりました。

　ハイフン，アクサンなど変更の対象となる語は 2,400 語に及びます。しかし，実生活のなかで，すべてのメディアでの表記がただちに新正書法に統一されるわけではありません。当面，新・旧両方の正書法が有効になることから，本書では従来の正書法に従っています。

Table des matières 目次

1. Présentez-vous : votre nom, votre âge, où vous habitez, votre nationalité, ce que vous étudiez, où vous étudiez, ce que vous aimez, ce que vous n'aimez pas.
   自己紹介をしましょう（氏名，年齢，住まい，国籍，学科，大学，好きなこと，嫌いなことなど）。

   _____

   _____

   _____

   _____

   _____

2. Présentez votre famille : votre mère, votre père, si vous avez des frères et sœurs, leur profession, comment ils sont.　家族を紹介しましょう（両親，兄弟・姉妹，職業，性格など）。

   _____

   _____

   _____

   _____

   _____

3. Que faites-vous le week-end en général ?　週末は何をして過ごすか説明しましょう。

   _____

   _____

   _____

4. Qu'avez-vous fait pendant les vacances d'hiver ?　冬休みは何をしましたか。

   _____

   _____

   _____

   _____

5. Qu'est-ce que vous allez faire demain ?　明日，あなたは何をするつもりですか。

   _____

   _____

   _____

6. Ecrivez la date et la météo du jour.　今日の日付，天候を書きましょう。

   _____

   _____

7. Racontez une journée normale de la semaine en indiquant les heures, du lever au coucher.
    起床から就寝までのあなたの一日のできごとを書きましょう。

    _____

    _____

    _____

    _____

    _____

    _____

    _____

8. Décrivez votre quartier (magasins, services, parc etc …).
    あなたの住んでいる場所の説明をしましょう（お店，地下鉄，バス，駅，公園など）。

    _____

    _____

    _____

    _____

    _____

    _____

9. Par deux et oralement, testez vos connaissances des nombres en français.
    数字をどのくらい覚えていますか，隣の人といっしょに確かめましょう。

10. Connaissez-vous la France ?　フランスについて知っていることを書いてみましょう。

    a. La capitale : _____

    b. Citez un monument : _____

    c. Le nom du Président de la République : _____

    d. Un écrivain : _____

    e. Un peintre : _____

    f. Un acteur : _____

    g. Une actrice : _____

    h. Une eau minérale : _____

    i. Un grand magasin : _____

    j. Un musée : _____

    k. Une marque de luxe : _____

    l. Une spécialité gastronomique : _____

① 教室で使う表現 （Vocabulaire de la classe）

Lisez à haute voix !
大きな声で読んでください。

Ouvrez le livre, page … !
本の…ページを開いてください。

Vous avez des questions ?
質問はありますか？

Répondez à la question !
質問に答えてください。

Répétez !
繰り返してください。

Répétez après moi !
後に続いて言ってください。

Parlez plus fort !
もっと大きな声で言ってください。

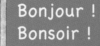

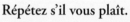

Répétez s'il vous plaît.
もう一度言ってください。

Parlez plus doucement s'il vous plaît.
ゆっくり言ってください。

Comment dit-on « sayonara » en français ?
「さようなら」はフランス語でどのように言いますか？

Fermez le livre !
本を閉じてください。

Ecoutez bien !
よく聞いてください。

Ecrivez !
書いてください。

Epelez s'il vous plaît.
スペルを言ってください。

Ça se prononce comment ?
どう発音しますか？

Je ne comprends pas.
言っていることがわかりません。

Pardon ?
何とおっしゃいましたか？

Comment ça s'écrit ?
それはどのように書きますか？

NORD-PAS-DE-CALAIS-PICARDIE (HAUTS-DE-FRANCE)

NORMANDIE

ÎLE-DE-FRANCE

ALSACE-CHAMPAGNE-ARDENNE-LORRAINE (GRAND EST)

BRETAGNE

PAYS DE LA LOIRE

CENTRE-VAL DE LOIRE

BOURGOGNE-FRANCHE-COMTÉ

AQUITAINE-LIMOUSIN-POITOU-CHARENTES (AQUITAINE)

AUVERGNE-RHÔNE-ALPES

LANGUEDOC-ROUSSILLON-MIDI-PYRÉNÉES

PROVENCE-ALPES-CÔTE D'AZUR

Plats régionaux 郷土料理		Boissons 飲み物
1. la bouillabaisse	6. les escargots	le bordeaux
2. le camembert	7. le foie gras d'oie	le bourgogne
3. le cassoulet	8. la fondue savoyarde	le champagne
4. la choucroute	9. la quiche lorraine	le cognac
5. les crêpes	10. les tripes à la mode de Caen	le kir

1 Qu'est-ce que vous nous conseillez ? 何がお勧めですか？

conseiller …を勧める，助言する

serveur(*se*) 名 給仕
choisir (*p.p. choisi*) 選ぶ
décider 決める

複合過去の否定文
主語＋ne＋助動詞＋pas
＋過去分詞
➡ p.6 参照

proposer
提供する，勧める
poulet-frites
男 チキンのフライドポテト添え

(2) | DIALOGUE 1   S : Serveur   C : Christelle

S : Vous avez choisi ?
C : Non, nous n'avons pas encore décidé.
　　Qu'est-ce que vous nous conseillez ?
S : Aujourd'hui, comme plats du jour,
　　nous vous proposons une choucroute
　　ou un poulet-frites.

Activité 1　En vous référant à la p.1, expliquez les différents plats.
p.1 を参考にして次の郷土料理を説明しましょう。

quoi 何
spécialité 女 特産品
Provence
女 プロヴァンス地方

例　● Nous vous proposons la bouillabaisse.
　　○ C'est quoi ?
　　● C'est une spécialité de Provence.

2 Je n'ai jamais goûté la choucroute.
シュークルトは一度も食べたことがない。

goûter 味わう

(3) | DIALOGUE 2   C : Christelle   A : Ayaka

A : Je n'ai jamais goûté la choucroute.
　　Qu'est-ce que c'est ?
C : C'est un plat français, une
　　spécialité d'Alsace.
　　C'est un peu lourd, mais délicieux.
A : Alors, je vais l'essayer.

Alsace
女 アルザス地方
lourd(*e*)
形 重い，胃にもたれる
délicieu*x*(*se*)
形 おいしい
essayer 試す

goût 男 味
dou*x*(*ce*) 形 甘い，マイルドな
fort(*e*) 形 強い，濃い，辛い
lé*ger*(*ère*)
形 あっさり，軽い
salé(*e*) 形 塩辛い
épicé(*e*)
形 香辛料のきいた
sucré(*e*) 形 甘い

(4) | Activité 2　Reliez chaque phrase entendue à l'expression ou l'image correspondante.
音声を聞いてどの食べ物か，あるいは飲み物か，また味はどうか言いましょう。

goût

bon　　doux　　léger　　salé　　sucré

lourd　　fort　　délicieux　　épicé

la grenouille

le curry

l'alcool de prune

la fondue

le sushi

le champagne

le saké

grenouille 囡 カエル
curry 團 カレー
cuisse 囡 腿（もも）
alcool de prune
團 梅酒
bouteille 囡 瓶
fêter 〜を祝う
préféré (e)
圈 お気に入りの

3 Conversation à table : les vêtements. テーブルでの話題：衣服

conversation 囡 会話

⑤ DIALOGUE 3 C : Christelle A : Ayaka

C : Elle est jolie, ta robe verte.
  Elle te va très bien.
A : Merci, elle me plaît beaucoup.
C : Où est-ce que tu l'as achetée ?
A : Je l'ai achetée dans un magasin
  à Saint-Michel.

aller bien　よく似合う
plaire à ... (*p.p. plu*)
…の気に入る

複合過去形において，直
接目的補語代名詞が動詞
に先行する場合，過去分
詞は，先行した直接目的
補語の性・数に一致する。
➡ p.6 参照

Activité 3　A l'aide du vocabulaire suivant, refaites un dialogue.
DIALOGUE 3 にならって会話しましょう。

la jupe rouge

la chemise

le jean

les chaussures

le T-shirt

le chapeau

la robe

jupe 囡 スカート
chemise 囡 シャツ
jean 團 ジーンズ
chapeau 團 (複 *x*) 帽子

4 Conversation à table : un cadeau d'anniversaire.
テーブルでの話題：誕生日のプレゼント

cadeau 男 プレゼント

6 DIALOGUE 4　P : Paul　M : Marine

M : Le 20 avril, c'est l'anniversaire de Léa.
　　Qu'est-ce qu'on lui achète ?
P : Pourquoi pas un parfum.
　　Qu'est-ce que tu en penses ?
M : Ah, non. C'est cher et je n'ai pas d'argent.
　　On peut lui offrir un livre à
　　la place ?
P : D'accord, on va à la librairie
　　pour le choisir.

pourquoi pas ...
…でいいんじゃない？
parfum 男 香水
Qu'est-ce que tu en penses ? どう思う？
cher(ère)
形 高い，高価な
offrir (p.p. offert)
贈る，与える
à la place　その代わりに
pour le choisir
それを選ぶために

Activité 4　Sur ce modèle, choisissez un autre cadeau d'anniversaire.
DIALOGUE 4 を参考に誕生プレゼントについて会話しましょう。

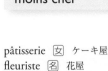

cher
↑↓
pas cher
moins cher

à la boutique　　à la pâtisserie　　à la librairie　　chez le fleuriste

pâtisserie 女 ケーキ屋
fleuriste 名 花屋
écharpe 女 スカーフ
fleur 女 花

une écharpe　　　un gâteau　　　un livre　　　des fleurs

7 Activité 5　Ecoutez et répondez à la question.
音声を聞いて，例にならって解答しましょう。

例　Je le prends pour aller à l'université. Qu'est-ce que c'est ?
解答 le : le métro, le vélo, le train, le bus

1. _____

2. _____

3. _____

4. _____

5. _____

5 Conversation à table : l'invitation à une soirée.

テーブルでの話題：パーティーへの招待

invitation 囡 招待
soirée
囡 夜のパーティー

8 DIALOGUE 5　P : Paul　M : Marine

M : On va organiser une soirée pour son anniversaire ?
P : Ah oui, c'est une bonne idée. On invite Antoine ?
M : Oui, bien sûr. Téléphonons-lui tout de suite.
P : Et Chloé ?
M : D'accord. Donne-moi leurs numéros de
　　téléphone.
P : Les voilà. Et demandons-leur d'apporter
　　des boissons ou des petits gâteaux.
M : Entendue.

organiser 企画準備する
idée 囡 アイディア

demander 頼む，尋ねる

demander à ... de + inf.
…に〜してほしいと言う

apporter 持ってくる
entendu(e)
圏 わかりました，承知し
ました

Activité 6　Sur ce modèle, invitez une autre personne et dites ce qu'elle doit apporter. DIALOGUE 5 を参考に，誰を招くか，また何を持ってきてもらうか話し合いましょう。

6 L'addition, s'il vous plaît. お勘定をお願いします。

addition 囡 勘定

9 DIALOGUE 6　P : Paul　S : Serveur　M : Marine

M : Zut, j'ai oublié mon portefeuille.
P : Ne t'inquiète pas, je t'invite.
　　Monsieur, l'addition, s'il vous plaît !
S : Tout de suite, monsieur.　.....
P : Je n'ai pas demandé de vin rouge.
　　Vous pouvez vérifier ?
S : Attendez un instant.

oublier 忘れる
s'inquiéter de ...
…を心配する
vérifier 確かめる
attendre (p.p. attendu)
待つ
instant 圐 瞬間，一瞬

s'en faire 心配する
peur 囡 恐怖，心配
avoir peur (de ...)
こわい
grave 圏 重大な
Ça ira
(ira : aller の単純未来形)
hésiter 躊躇する
aider 手伝う，助ける
vrai(e) 圏 本当の
réviser 復習する
exposé 圐 発表
confiance
囡 信頼，自信
avoir confiance en ...
…に自信がある
tendu(e) 圏 緊張した

Activité 7　Réagissez pour rassurer ou encourager votre ami en utilisant les expressions suivantes. 下の表現を使い，友達を安心させる，または，励ますために発言しましょう。

10

Ne t'inquiète pas / Ne t'en fais pas / N'aie pas peur / Ce n'est pas grave / Pas de problème / Ça ira / Un peu de courage / N'hésite pas / Je peux t'aider

1. Zut, il pleut. Mais je n'ai pas de parapluie ...
2. Ce n'est pas vrai !　Mon smartphone ne marche pas ...
3. Demain, j'ai un examen. Mais je n'ai pas révisé ...
4. Je voudrais voyager en France. Mais je déteste prendre l'avion ...
5. Je dois faire un exposé dans la classe. Mais je n'ai pas confiance
　　en moi et je suis tendu(e).

Grammaire 文法のまとめ

1. 直説法複合過去の否定文　主語＋(ne) 助動詞（avoir / être）(pas)＋過去分詞

Je n'ai pas décidé.　　　**倒置形の疑問文**：As-tu décidé ?　　**否定疑問文**：N'a-t-il pas décidé ?

Elle n'est pas venue.　　**倒置形の疑問文**：Est-elle venue ?　　**否定疑問文**：N'est-elle pas venue ?

2. 目的補語人称代名詞　主語＋(ne)　目的補語人称代名詞 ┬ 動詞　　　　　(pas)
　　　　　　　　　　　　　　　　　　　　　　　　　　　└ 助動詞　　　(pas)＋過去分詞
　　　　　　　　　　　　　　　　　　　　　　　　　　　　(avoir/être)

直接目的補語

私を	me(m')	私たちを	nous
君を	te(t')	あなたを あなた方を	vous
彼を・それを 彼女を・それを	le(l') la(l')	彼らを 彼女たちを それらを	les

間接目的補語

私に	me(m')	私たちに	nous
君に	te(t')	あなたに あなたがたに	vous
彼に 彼女に	lui	彼らに 彼女たちに	leur

・me, te, le, la は母音もしくは無音の h の前では，m', t', l' となる。

❶目的補語人称代名詞は**関係する動詞（または助動詞）の前**におかれる。

Je connais <u>Sophie</u>.　　　　　　→Je la connais.（Je ne la connais pas.）

Tu téléphones à <u>Sophie</u>?　→Tu lui téléphones?

　　　　　　　　　　　　　　　　　→Oui, je lui téléphone.　（Non, je ne lui téléphone pas.）

Vous pouvez vérifier <u>la note</u>?　→Vous pouvez la vérifier?

Je vais offrir <u>ce parfum</u>.　　　　→Je vais l'offrir.

On va à la librairie pour choisir <u>le livre</u>.　→On va à la librairie pour le choisir.

J'ai acheté <u>cette robe</u> hier.　　　→Je l'ai achetée hier.

> 直接目的補語人称代名詞が動詞に先行する場合，過去分詞は，先行した直接目的補語の性・数に一致する。

❷二つの代名詞を同時におく場合の語順

主語＋(ne) ┌ me(m') ┐┌ le(l') lui ┐ ┬ 動詞(pas)
　　　　　　│ te(t') ││ la(l') leur │ └ 助動詞(pas)＋過去分詞
　　　　　　│ nous　││ les　　　　│
　　　　　　└ vous　┘└　　　　　　┘

le, la, les が直接目的補語の場合に限り，二つの代名詞の併用可。me, te, nous, vous と lui, leur の組み合わせの場合，間接目的補語は強勢形を使う。

Je te présente <u>à mes parents</u>.　→Je te présente à eux.

❸肯定命令文

肯定命令文のみ人称代名詞は動詞の後におき，－でつなぐ（me → moi, te → toi になる）。

Montrez <u>ce livre</u> à vos amis.　→Montrez-le à vos amis

Montrez ce livre à <u>vos amis</u>.　→Montrez-leur ce livre.

代名詞が二つの場合，動詞―直接目的補語―間接目的補語の順になる。

Montrez-le-leur. / Montrez-le-moi.

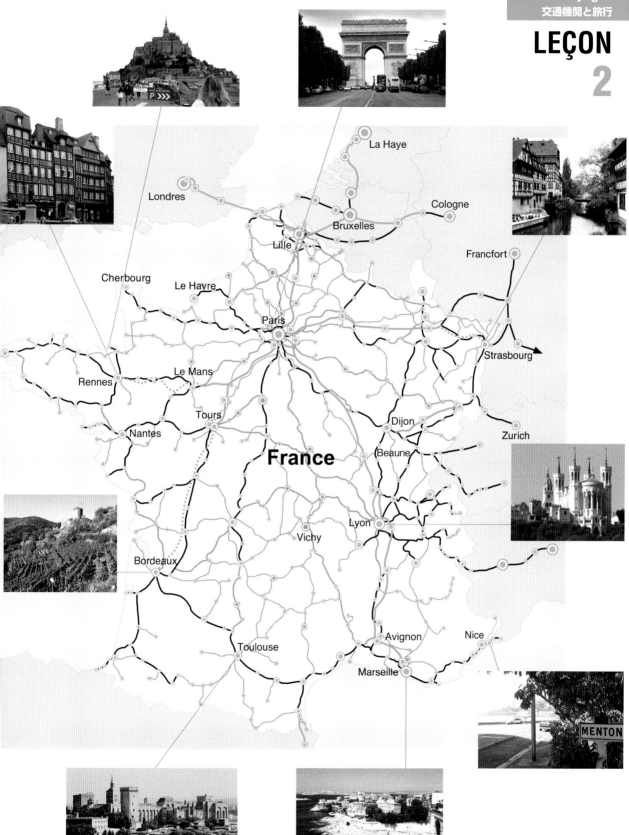

La Haye

Londres

Cologne

Bruxelles

Lille

Francfort

Cherbourg

Le Havre

Paris

Strasbourg

Rennes

Le Mans

Tours

Dijon

Zurich

Nantes

Beaune

France

Bordeaux

Vichy

Lyon

Toulouse

Avignon

Nice

Marseille

MENTON

billet 男 切符
TGV (=train à grande vitesse)
フランス新幹線
guichetier(ère)
名 窓口係

parfait(e) 形
申しぶんのない，完璧な
désirer ～を望む
aller-retour
男 [不変] 往復切符
aller-simple
男 [不変] 片道切符
classe 女 等級
Ça fait ... euros.
…ユーロになる
payer 支払う
composer 入力する
code 男 暗証番号
appuyer sur ...
…を押す
bouton 男 ボタン

moyen 男 方法
paiement 男 支払い
espèces 女複 現金
fiche 女
（分類・整理用の）カード
horaire
形 時間の 男 時刻表

時間・料金はしばしば変化するので、SNCF のサイトを確認してみよう。

SNCF(=Société nationale des chemins de fer français)
フランス国有鉄道

1 Je voudrais un billet de TGV. TGV の切符を買いたい。

⑪ DIALOGUE 1 G : guichetier N : Nadège

N : Bonjour, je voudrais un billet de TGV de Paris à Lyon, pour le 4 juin.

G : Vers quelle heure voulez-vous partir ?

N : Dans l'après-midi, vers 16 heures.

G : Alors, il y a un TGV à 15 h 54, il arrive à Lyon à 18 h 09. Ça vous va ?

N : Oui, c'est parfait.

G : Vous désirez un aller-retour ?

N : Non, un aller-simple.

G : En première ou en deuxième classe ?

N : En deuxième classe.

G : Entendu. Voici votre billet. Ça fait 44 euros. Vous payez comment ?

N : Par carte.

G : Bien [...] Composez votre code et appuyez sur le bouton vert, s'il vous plaît.

N : Voilà.

 Activité 1 Sur ce modèle, achetez un billet de train pour Rennes à l'aide des indications de prix et d'horaires ci-dessous.
DIALOGUE 1 を参考に，時刻表を見ながら切符を買いましょう。

| un aller-retour : 86 € |
| un aller simple : 43 € |

| moyens de paiement | en espèces |
| | par carte de crédit |

Fiche horaires Paris Montparnasse / Rennes en TGV					
Horaires aller le matin					
N° TGV	8001	8691	8611	8711	8051
Départ	07:06	08:56	09:58	10:56	12:15
Arrivée	09:02	10:25	11:25	12:25	14:09
Horaires retour le soir					
N° TGV	8067	8633	8739	8035	8063
Départ	17:15	18:15	18:56	19:57	21:15
Arrivée	19:09	20:09	20:25	21:25	23:09

2 Vous y arrivez avant midi. 正午前には到着するでしょう。

avant ... 前 …より前に

12 DIALOGUE 2　G : guichetier　A : André

A : Comment fait-on pour aller de Paris à Beaune ?
　　Combien de temps faut-il ? Je dois y être avant midi.
G : Attendez un instant. Environ 2 heures et demie.
　　Il n'y a pas de train direct. Vous devez changer.
　　Vous prenez le TGV de Paris Gare de Lyon à 8 h 28,
　　vous arrivez à Dijon à 10 h 05, puis vous partez
　　de Dijon à 10 h 23 pour arriver à Beaune à 10 h 52.
　　Vous y arrivez donc avant midi.

devoir + inf.
(*p.p. dû*)
…しなければならない

y 中性代名詞
➡ p.12 参照

changer　～を変える
donc 接　したがって

 Activité 2　Sur ce modèle, indiquez l'itinéraire et la durée.
　　DIALOGUE 2 を参考にして旅程，所要時間を言いましょう。

itinéraire 男　道順

Itinéraire 1
Paris Gare Montparnasse 08 h 56
↓ 🚄 TGV
Auray　　Arrivée à 11 h 41 　　　　Départ à 12 h 08
↓ 🚄 TER
Quiberon　　　　12 h 53

Itinéraire 2
Paris Gare du nord 14 h 21
↓ 🚄 Thalys
Bruxelles-Midi　　15 h 47

TER (=Transport express régional)
地域圏高速交通

Thalys
タリス：フランス，ベルギー，オランダ，ドイツを結ぶ高速鉄道

3 Pour le savoir, on va regarder le tableau des horaires.
それを知るためには掲示板の時刻表示を見よう。

13 DIALOGUE 3　S : Sophie　J : Jérémy　M : Marc

J : Le train part de quelle voie ?
S : Pour le savoir, on va regarder le tableau des horaires.
　　Voilà c'est la voie numéro 9.
J : Quel est notre numéro de voiture ?
S : C'est la voiture 15, place 23 et 24.

　　　　　　……………

J : Excusez-moi, monsieur. Je crois que c'est ma place.
M : Oh pardon. Moi, j'ai la 25.
J : Ce n'est pas grave.

le 中性代名詞
➡ p.12 参照

tableau (複 *x*)
男 掲示板
voie 女 （駅の）…番線
voiture 女 車両
place 女 席，場所
croire (*p.p. cru*)
…だと思う

personne 女 人

Activité 3 Observez ce billet de train et répondez aux questions.
乗車券を見て質問に答えましょう。

1. C'est un billet pour une personne ou pour deux personnes ?
2. A quelle heure est-ce que le train part de Paris ?
3. A quelle heure est-ce qu'il arrive à Menton ?
4. De Paris à Nice ce sont des places en première ou en deuxième classe ?
5. Quel est le numéro de voiture ? Et les numéros des places ?

4 **Tu y es déjà allé ?** そこへ行ったことがある？

14 DIALOGUE 4 S : Sophie J : Jérémy

S : Dis-moi, Jérémy, j'aimerais tellement aller à Bruxelles
en Belgique. Tu y es déjà allé ?
J : Oui, bien sûr ! J'y suis allé plusieurs fois pour mon travail.

autre 形
（不定詞とともに）他の，
別の
d'autres
代 他の人，もの
maître(sse)
名 主人，（職人の）親方
chocolatier(ère) 名形
チョコレート屋（の）
déguster
（食べ物・飲み物を）楽し
み味わう
gourmand(e)
名形 食いしん坊（の），
美食家（の）
également
形 等しく，〜もまた
autour de ... …の周辺に

15 Activité 4 En écoutant la suite du dialogue répondez aux questions.
会話の続きを聞いて質問に答えましょう。

1. Pourquoi veut-elle aller à Bruxelles ?
2. Que peut-on faire d'autre à Bruxelles ?
3. Et à quel endroit ?

en 中性代名詞
➡ p.12 参照

5 **J'en ai besoin pour travailler.** 仕事に必要なんです。

avoir besoin de ...
…を必要とする

réceptionniste
名 ホテルのフロント係
réservation 女 予約
chambre 女 部屋
salle de bains 女 浴室
compris(e)
形 含まれている

16 DIALOGUE 5 R : Réceptionniste F : Fabienne Dubal

R : Hôtel Bruxelles, bonjour ! Vous désirez ?
F : C'est pour une réservation du 4 au 6 juillet. Je voudrais
une chambre avec salle de bains et une connexion à Internet.
J'en ai besoin pour travailler.
R : D'accord. Quel est votre nom ?
F : Fabienne Duval.
R : Votre numéro de téléphone ?
F : 01-22-46-63-98
R : Voilà, ça fait 90 euros la nuit, le petit déjeuner compris.

	🛏🛁	🛏🚿	🛏🛏🛁	🛏🛏🚿	Petit déjeuner	
Grand hôtel Saint Germain	142€	125€	207€	174€	22€	📶 🐕 P 🏊 🏋 🍽 📺
Hôtel Jardin du Luxembourg	126€	107€	185€	140€	14€	📶 🐕 🏊 🍽 📺
Hôtel Sorbonne	68€	53€	89€	70€	compris	📶 🐕 📺
Hôtel Odéon	54€	47€	60€	55€	8€	🐕 📺

📶 connexion WIFI gratuite 🐕 animaux domestiques acceptés
P parking 🏊 piscine 🏋 gymnase 🍽 restaurant 📺 télévision

Activité 5 Sur le modèle du Dialogue 5, réservez des chambres.
DIALOGUE 5 を参考にして，部屋を予約しましょう。

6 Le compostage : mode d'emploi 自動改札機：使用方法

17 DIALOGUE 6 L : Léa N : Nanami

L : As-tu déjà pris le train ou le TGV en France ?
N : Non, jamais. Seulement le métro. Pourquoi ?
L : Et bien, avant d'y monter, tu dois composter ton billet.
N : Tu dois quoi ?
L : Composter ton billet. C'est à dire que tu dois valider ton billet dans une machine. Ça s'appelle une borne de compostage. Regarde ! Je te la montre sur mon smartphone.
N : Ah ! D'accord.
L : Mais attention ! N'oublie pas de le faire avant de monter dans le train. Sinon, tu peux avoir une amende en cas de contrôle.
N : Ouah !
L : Donc fais-y bien attention !

connexion 女 接続
gratuit(e) 形 無料の
domestique 形
家庭の，飼いならされた
accepté(e) accepter
（受け入れる）の過去分詞
gymnase
男 ジム，体育館
lit 男 ベッド
douche 女 シャワー

compostage 男
自動改札機にかけること
mode d'emploi 使い方
seulement 副 ～だけ
composter
自動改札機にかける
c'est à dire que …
つまり…ということだ
valider 有効にする
machine 女 機械
borne
女 （標石に似た）設置物
oublier de + inf. …
～するのを忘れる
sinon そうでなければ
amende 女 罰金
en cas de …
…の場合には
contrôle
男 点検，検査，検札
faire attention à …
…に注意する

中性代名詞　en, y, le

関係する動詞の前におく。

主語＋(ne) 中性代名詞 ── 動詞　　　　(pas)
　　　　　　(y, en, le) ── 助動詞　　　(pas)＋過去分詞
　　　　　　　　　　　　(avoir/être)

devoir			
je	**dois**	nous	**devons**
tu	**dois**	vous	**devez**
il	**doit**	ils	**doivent**

限定詞のついた名詞は直接補語人称代名詞で受けるが，非限定詞のついた名詞は，性・数に関係なく en で受ける。人称代名詞と中性代名詞の併用の語順は，人称代名詞＋中性代名詞。y と en の併用の語順は y＋en。肯定命令文も人称代名詞のときと同様，動詞─中性代名詞。

❶en

不定冠詞・部分冠詞・数量副詞・数詞＋名詞

Avez-vous des amis à Paris ?　Oui, j'**en** ai. (= J'ai des amis.)
　　　　　　　　　　　　　　Oui, j'**en** ai trois. (= J'ai trois amis.)
Tu veux du café ?　　　Non, je n'**en** veux pas. (= Je ne veux pas de café.)
Tu as bu du vin ?　　　Oui, j'**en** ai bu. (= J'ai bu du vin.)
　　　　　　　　　　　Oui, j'**en** ai bu beaucoup (= J'ai bu beaucoup de vin.)
　　　　　　　　　　　Non, je n'**en** ai pas bu. (= Je n'ai pas bu de vin.)

de＋名詞・代名詞・不定詞・節・文を受ける。

J'ai besoin d'une connexion à Internet.
→ J'**en** ai besoin. (en = d'une connexion à Internet)
Je m'occupe d'envoyer ce colis.
→ Je m'**en** occupe. (en = d'envoyer ce colis)

❷y

場所を表す前置詞＋名詞 （=㋷ *there*)

Tu vas à Beaune ?　Oui, j'**y** vais. (= Je vais à Lyon.)
Vous pensez aller à Beaune ?　Oui, je pense **y** aller. (= Je pense aller à Beaune.)
　　　　　　　　　　　　　　Oui, je dois **y** aller. (= Je dois aller à Beaune.)
à＋事物を表す名詞・不定詞・節・文 （注：à＋人→人称代名詞で受ける）
Tu penses à ton avenir ?　　Oui, j'**y** pense. (= je pense à mon avenir.)

❸y と en の併用

Y a-t-il encore de l'eau ?　　Non, il n'**y en** a plus. (= Il n'y a plus d'eau.)

❹le

形容詞，名詞，不定詞，文，節などを受ける（性・数の影響を受けない）。
Tu dois composter ton billet.　Je **le** sais. (le = composter le billet)
Elle est heureuse ?　　　　　Oui, elle **l'**est. (le = heureuse)

la tête
les cheveux
l'œil (les yeux)
l'oreille
le cou
le nez
la gorge
les dents
l'épaule
la bouche
le bras
la main
les doigts
le ventre
la jambe
le genou
le pied

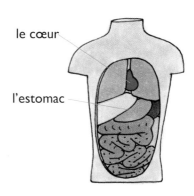

le cœur
l'estomac

symptômes 症状

avoir

| mal à la tête | mauvaise mine | de la fièvre | la toux | des allergies | des démangeaisons |

| attraper un rhume | vomir | se sentir mal | se brûler | se blesser | se casser une jambe |

la pharmacie 薬類

un médicament contre
{ le rhume 風邪薬
{ le mal de tête 頭痛薬
{ la toux せき止め
l'antiseptique
消毒薬

soins médicaux 医療機関・従事者

l'aspirine

le sirop

l'hôpital

dentiste

le pansement

la gaze

les gouttes pour
les yeux

les comprimés

pharmacien(ne)

infirmier(ère)

enquête 女 アンケート

1 Une enquête pour la santé 健康についてのアンケート

enquêteur(rice)
アンケート調査員

⑱ **DIALOGUE 1**   E : Enquêtrice   L : Laurent

allez-y
さあおやりなさい，どうぞ
beaucoup de ...
たくさんの…

régulièrement 副
規則正しく，定期的に
fumer （タバコを）吸う

> 近接過去
> venir + de + inf.
> …したばかりだ

arrêter やめる
plus de + 数値
〜以上（の）

> E : Excusez-moi, monsieur. Vous avez une minute ?
>   C'est pour une enquête sur la santé.
> L : Euh, oui, allez-y !
> E : Alors, est-ce que vous mangez beaucoup de légumes frais ?
> L : Oui, assez.
> E : Et vous faites du sport régulièrement ?
> L : Oui, je fais de la natation deux fois par semaine.
> E : Vous fumez ?
> L : Non, je viens d'arrêter.
> E : Vous dormez combien d'heures ?
> L : Plus de 7 heures.
> E : Très bien. Merci beaucoup. Au revoir !

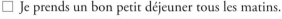 **Activité 1**   Cochez la case qui correspond à vos habitudes. Ensuite faites une enquête auprès de vos camarades. あなたの生活習慣に当てはまるものをチェックしなさい。そして，周りの人に尋ねましょう。

assez de ... 十分な…

chaque jour 毎日
préférer ... à 〜
〜よりも…を好む
utiliser 使う

☐ Je prends un bon petit déjeuner tous les matins.
☐ Je mange assez de légumes frais.
☐ Je me couche tard.
☐ Je marche une heure chaque jour.
☐ Je préfère l'eau au coca-cola.
☐ J'utilise mon smartphone plus de trois heures.
☐ Je surfe sur Internet plus de trois heures.
☐ Je dois étudier / travailler plus de 8 heures par jour.
☐ Je bois plus de cinq cafés par jour.

Activité 2 Répondez selon le modèle suivant.
例に従って続きを答えましょう。

⑲

例 Maman n'est pas là ?

  Si, elle rentre.   → （近接過去）Si, elle <u>vient de rentrer</u>.
  Elle prépare le dîner. → （近接未来）Elle <u>va préparer</u> le dîner.

1. Tu as pris ton médicament ?

    Oui, je le prends.
    Je me couche.

2. Elle mange encore ?

    Non, elle finit son petit déjeuner.
    Elle va à l'école.

3. Il dort encore ?

    Non, il se lève.
    Il prend une douche.

4. Ils sont là ?

    Oui, ils arrivent.
    Ils commencent leur travail.

2 Qu'est-ce que vous avez ? どうなさったのですか？

⑳ **DIALOGUE 2**   B : Monsieur Brun   L : Madame Lesage

B : Qu'est-ce que vous avez ?
    Vous avez mauvaise mine.
L : Oui, je ne me sens pas très bien.
    J'ai mal à la tête.
B : Vous avez attrapé un rhume ?
L : Peut-être.
B : Alors, reposez-vous bien.

> se reposer
> vous に対する命令文
> → Reposez-vous

Activité 3 Sur ce modèle, faites un dialogue en utilisant le vocabulaire de
la p.13 et les éléments ci-dessous.
p.13 の語彙や下の表現を参考にして対話しましょう。

㉑

Qu'est-ce qui se passe ?	Il faut aller chez le médecin / le dentiste.
Qu'est-ce que tu as ?	Il faut bien dormir.
Qu'est-ce qui t'arrive ?	Prends ce médicament｜après le repas. / 2 fois par jour.
Tu as mauvaise mine.	Soigne-toi bien ! / Repose-toi bien !
	Ne t'inquiète pas !

> Qu'est-ce qui
> （ものを表す疑問代名詞）
> 何が
>
> se passer （事が）起こる
> après ... 前 …の後で
> repas 男 食事
> se soigner 養生する

3 A la pharmacie　薬局にて

㉒ **DIALOGUE 3**　P : Pharmacien　L : Laurence

Vous désirez
いらっしゃいませ

P : Vous désirez ?
L : Avez-vous quelque chose contre le mal d'estomac ?
P : Vous avez des allergies ?
L : Non.
P : Alors, prenez ce médicament,
　　deux comprimés après les repas.
L : Et vous avez de l'antiseptique et
　　des pansements ?
　　Mon fils s'est blessé au genou.
P : Voilà, ça fait 19,50 euros en tout.

Mon fils s'est blessé ...
代名動詞の複合過去形の
助動詞は être
➡ p.18 参照

en tout　全部で

 **Activité 4**　Sur ce modèle, imaginez une autre situation (*cf*.p.13).
p.13 の語彙を参考にして薬局での対話を考えましょう。

4 Qu'est-ce qui vous arrive ?　どうなさいましたか？

㉓ **Activité 5**　Ecoutez le dialogue entre le docteur et M. Yamazaki et répondez.
山崎氏と医師の対話を聞き設問に答えましょう。

comme d'habitude
いつもどおりに
tout à coup　突然
huître　女 牡蠣
dangereu*x(se)*　形
危険な，危ない

1. Ecoutez et cochez ce que vous entendez.
   - ☐ Qu'est-ce qui vous arrive ?　　☐ Ça va bien ?
   - ☐ J'ai eu mal aux dents.　　☐ J'ai eu mal au ventre.
   - ☐ Vous avez de la fièvre ?　　☐ Vous avez mal à la gorge ?
   - ☐ Du vin rouge.　　☐ Du vin blanc.
   - ☐ Je vais vous donner ce médicament.　　☐ Prenez ce sirop.
   - ☐ Dangereux.　　☐ Pas de problème.
   - ☐ Ne vous inquiétez pas.　　☐ Reposez-vous.

2. Répondez aux questions.
   1. Monsieur Yamazaki s'est couché à quelle heure hier soir ?
   2. Quel est le problème de monsieur Yamazaki ?
   3. Il a de la fièvre ?
   4. Qu'est-ce qu'il a mangé hier soir ?
      - ☐ de la choucroute　　☐ des escargots　　☐ des huîtres
   5. Nous sommes en quelle saison ?

5 Je suis stressée. ストレスがたまってるの。

stressé(*e*) 形
ストレスを感じている

(24) DIALOGUE 5   S : Sophie   L : Laurence

S : Tu as l'air très fatiguée.

L : Oui, je suis stressée en ce moment.
Je mange peu, et je n'arrive pas
à bien dormir.

S : Tu travailles trop. Tu dois te
détendre un peu. Dis, tu es libre
vendredi soir ?

L : Pourquoi ?

S : J'assisterai au cours de yoga. Tu veux venir avec moi ?
Après on mangera chez moi.
Je te préparerai un repas sain avec des légumes frais.

L : C'est super sympa.

moment 男 時, 時期
en ce moment
今, 目下, 現在

arriver à + inf.
上手く~する

se détendre (*p.p. détendu*)
くつろぐ, リラックスする
libre 形
予定のない, 自由な
assister à …
…に参加する, …に居合わ
せる

assisterai
assister の単純未来形
➡ p.18 参照

sain(*e*) 形 健康によい
super 形
[不変] 最高の, すばらし
い

 Activité 6   Imaginez votre vie dans 20 ans. Répondez aux questions en utilisant le futur simple. 20年後を想像して質問に答えましょう。

1. Vous aurez quel âge ?
2. Où est-ce que vous habiterez ?
3. Est-ce que vous serez marié(e) ?
4. Qu'est-ce que vous ferez dans la vie ?

6 Qu'est-ce qui se passe ? どうしたの?

 **Activité 7**   Qu'est-ce qui se passe ? Ecoutez et notez ce qui ne va pas chez eux. 次の人物はどこが悪いのか, 音声を聞いてメモをとりましょう。
25-26

I. Vincent   2. Annie

 **Activité 8**   Ces mots dans le désordre désignent des parties du corps. Remettez-les dans l'ordre. 文字の順序を改め, 体の部分の単語を書きましょう。綴り字記号が必要な場合は書き加えなさい。

1. UCO _____   6. EENVRT _____
2. EZN _____   7. SRBA _____
3. TTEE _____   8. ROGEG _____
4. ELLIERO _____   9. IEPD _____
5. NTED _____   10. CHEOUB _____

Grammaire 文法のまとめ

1. 近接過去 venir de＋不定詞「〜したばかりだ」

Je **viens d'arriver.**

代名動詞は不定詞でも，再帰代名詞の部分が人称に応じて変化する。

→ Je viens de **me réveiller.**

2. 代名動詞の複合過去 主語＋(ne) se （再帰代名詞）┬ 動詞　　　(pas)
　　　　　　　　　　　　　　　　　　　　　　　　└ 助動詞 (pas)＋過去分詞
　　　　　　　　　　　　　　　　　　　　　　　　　(être)

直説法現在の否定

Je **ne** me lève **pas.**

直説法複合過去の否定

Je **ne** me suis **pas** levé(e).

助動詞はすべて être 動詞を使用する。

再帰代名詞が直接目的補語の場合は，過去分詞は再帰代名詞 se の性・数に一致する。

se が間接目的補語の場合は一致しない。

se lever（se：直接目的）

je **me suis** levé(e)	nous **nous sommes** levé(e)s
tu **t'es** levé(e)	vous **vous êtes** levé(e)(s)
il **s'est** levé	ils **se sont** levés
elle **s'est** levée	elles **se sont** levées

用法

❶**再帰的用法**（主語の行為が主語自身に帰ってくる）

Elle **se** lève. 自らを起こす→起きる　（se：直接目的）

Elle **s'**est lavée.　（se：直接目的）

Elle **s'**est lavé les mains.　（se：間接目的）

❷**相互的用法**（主語は複数または on ／お互いに…し合う）

Ils **se** sont embrassés.　（se：直接目的）

Ils **se** sont téléphoné.　（se：間接目的）

❸**受動的用法**（主語は事物／ se は直接目的とする／…される）

Ces livres **se** sont bien vendus.

単純未来形　arriver

j' arrive**rai**	nous arrive**rons**
tu arrive**ras**	vous arrive**rez**
il arrive**ra**	ils arrive**ront**

❹**本質的用法**（se は直接目的とする）

Elle **s'**est souvenue de son enfance.

3. 直説法単純未来

• **第 1 群規則動詞（− er）**は，語尾の r を取って共通の語尾をつける。　arriver → j'arrive**rai**…

• **第 2 群規則動詞および多くの− ir で終わる動詞**は，語尾の r を取って，共通の語尾をつける。

　　　　　　　　　　　　　　　　　　　　　　　finir → je fini**rai**…

• **−re で終わる多くの動詞**は，語尾の re を取って共通の語尾をつける。　prendre → je prend**rai**

• その他：特別な語幹に共通の語尾をつける。

aller → j'i**rai**…　　　venir → je vien**drai**…　avoir → j'au**rai**…,

être → je se**rai**…　　faire → je fe**rai**…　　pouvoir → je pour**rai**…　voir → je ver**rai**… *etc.*

用法

❶**未来のことを表す**

Vous arrive**rez** avant midi ?　Non, je ne vien**drai** pas aujourd'hui.

❷**軽い命令，依頼を表す**「…してくれますね」

Tu me téléphone**ras** ce soir.

Activités en vacances

Excursion

Activités

une station thermale

un musée

un parc d'attraction

un barbecue

un château

une plage

un temple

Activités sportives

faire

du camping

du tennis

du surf

de la plongée sous-marine

de la randonnée à pied

de l'équitation

du VTT

du ski

de la natation

du snowbord

du kayak

du rafting

de la planche à voile

quand＋S＋V
S が…するときに（接続
詞）

tu faisais　半過去
…していた
　　　　　　➡ p.24 参照

appeler
呼ぶ，電話をかける
entendre (*p.p. entendu*)
〜が聞こえる
sonnerie
女 （ベル・電話などが）
鳴る音

sonner　ベルを鳴らす

1 Qu'est-ce que tu faisais ? 何をしていたの？

㉗ DIALOGUE 1　　M : Marine　P : Paul

> M : Allô, c'est moi, Marine. Quand je t'ai appelé,
> qu'est-ce que tu faisais ? Tu n'étais pas là ?
> P : Oh, pardon. Je n'ai pas entendu la sonnerie.
> Je prenais une douche.

 Activité 1　Répondez à la question en utilisant les éléments ci-dessous et
㉘　en changeant le sujet (tu, vous, il). 何をしていたか答えましょう。
また tu を vous, il に代えて尋ねましょう。

Quand │ je t'ai appelé,　│ qu'est-ce que tu faisais ?
　　　 │ j'ai sonné,

2 C'était bien tes vacances ? いいバカンスだった？

㉙ DIALOGUE 2　　M : Miki　B : Brigitte

palpitant(*e*) 形
スリルがある
avoir de la chance (de ...)
（〜するとは）運がいい，
ついている
plein(*e*) 形　いっぱいの

C'est la première fois
que S＋V
〜するのは初めてだ
　　　　　　➡ p.42 参照

> M : C'était bien tes vacances ?
> B : Oui, super.
> Je suis allée à Niseko en famille.
> On a fait du rafting.
> C'était palpitant et amusant.
> M : Tu as eu de la chance.
> Le rafting, c'est bien,
> mais il y avait d'autres activités ?
> B : Oui, plein ! Nous avons fait de l'équitation aussi.
> C'était la première fois que j'en faisais.

 **Activité 2** Remplissez la fiche sur vos vacances passées. (*cf.* p.19) et rédigez un court texte. バカンスについてメモし, 作文しましょう。

Lieu	
Temps	
Activités	
Impressions	

impression 囡
感想, 印象

 Activité 3 Répondez aux questions en utilisant les expressions ci-dessous. 次の表現を用いて, バカンスはどうだったか尋ねましょう。

C'était bien tes vacances ?   Quel temps faisait-il ?

C'était la première fois ?

fatigant

amusant   chouette   terrible

agréable   palpitant

passionnant   dommage   fantastique

fantastique 形
信じられないような, すご
い
chouette 形 素敵な
dommage 團 残念なこ
と
terrible 形 恐ろしい

3 Interview d'un footballeur français
フランス人のサッカー選手へのインタヴュー

footballeur(se) 名
サッカー選手

㉛ **DIALOGUE 3**   J : Journaliste   X : Xavier

> J : Aujourd'hui, vous êtes mondialement connu.
>   Racontez un peu votre enfance.
> X : Euh, quand j'étais petit, j'habitais en banlieue parisienne.
>   Mes parents travaillaient tout le temps.
>   Et je passais des heures avec mes copains.

mondialement 副
世界的に
connu(e) 形
知られている
raconter ～を語る
banlieue 囡 郊外
parisien(ne) 形 パリの
tout le temps いつも
copain, copine 名
友達（ami よりくだけた言
い方）

 32 **Activité 4**   En écoutant la suite de l'interview, répondez à la question.
インタヴューの続きを聞いて次の質問に答えましょう。

en échec　失敗している
scolaire　形　学校の

1. Qu'est-ce qu'il faisait, quand il était petit ?
2. Aimait-il l'école ?
3. Où allait-il en vacances ?
4. Que faisait-il avec son grand-père ?

 **Activité 5**　Racontez vos habitudes du passé.
あなたの過去の習慣について話しましょう。

Quand j'étais petit(e), ...
Quand j'étais collégien(ne), ...
Quand j'étais lycéen(ne), ...

information　女　情報

J'avais cherché
大過去
➡ p.24 参照

4 J'avais cherché des informations sur Internet.
インターネットで調べておいたんだ。

33 **DIALOGUE 4**　M : Marine　P : Paul

défilé　男　行進

magnifique　形
素晴らしい

M : Qu'est-ce que vous avez fait hier ?
P : Nous sommes allés à Paris pour voir le défilé du 14 juillet
　　aux Champs-Elysées.
M : C'était comment ?
P : C'était magnifique. Avant de partir, j'avais cherché des
　　informations sur Internet pour connaître le programme.
　　Il y avait beaucoup de touristes japonais. Tiens, regarde !
　　J'ai pris des vidéos avec mon smartphone.

 **Activité 6** Associez ces phrases et conjuguez les verbes entre parenthèse au plus-que-parfait. 次の文をつなぎ，（　　）内の動詞を大過去にしなさい。

1. Il est arrivé en retard.   •
2. Il est retourné à la maison.   •
3. Il a réussi son examen.   •
4. Il a pris son billet de train.   •
5. Il a lu le journal.   •

  • **a.** Il (oublier) son parapluie.
  • **b.** Il (étudier) bien.
  • **c.** Il l'(réserver) sur Internet.
  • **d.** Il l'(acheter) au kiosque.
  • **e.** Il (se réveiller) trop tard.

en retard
遅れている，遅刻している
retourner 戻る
réussir (*p.p. réussi*)
成功する
réserver 予約する
se réveiller 目覚める
trop 副
あまりに，過度に

5 J'avais oublié de prendre ma carte de crédit.
クレジットカードを持って行くのを忘れてしまった。

(34) **DIALOGUE 5**   M : Marine   K : Kaito

M : Alors ! Comment se sont passées tes vacances ?

K : Génial, oui et non ! A mon arrivée à l'hôtel, je devais payer ma réservation. Mais comme j'avais oublié de prendre ma carte de crédit, j'ai dû chercher une banque pour retirer de l'argent.

M : Et tu en as trouvé une dans ce village ?

K : Oui, mais c'était difficile !!!

génial(ale) (男複 *aux*)
形 すごい

retirer 引き出す
village 男 村

 **Activité 7** Regardez les dessins et complétez les phrases.
下線に入る語を絵から選びましょう。

1. Je ne sais pas nager. J'ai besoin d'_____
2. Il fait tellement chaud. On va se mettre sous _____ pour éviter le soleil.
3. Les Français aiment beaucoup _____ sur le sable.
4. Les enfants ramassent _____ sur la plage.
5. On utilise _____ pour s'allonger.

nager 泳ぐ
se mettre
（ある場所に）身を置く
sous 前 …の下に
éviter 避ける
sable 男 砂
ramasser 拾う
s'allonger 寝そべる
bouée 女 浮き輪
coquillage 男 貝殻
parasol 男 パラソル
bronzer 肌を焼く
long(gue) 形 長い

une bouée

des coquillages

le parasol

bronzer

une chaise longue

Grammaire 文法のまとめ

1. 直説法半過去 (= 英 過去進行形)

直説法現在 nous の活用の語幹＋半過去の共通の語尾 →半過去「…していた/…だった」

chanter (nous **chant**ons)

je	chant**ais**	nous	chant**ions**
tu	chant**ais**	vous	chant**iez**
il/elle	chant**ait**	ils/elles	chant**aient**

finir (nous **finiss**ons)

je	finiss**ais**	nous	finiss**ions**
tu	finiss**ais**	vous	finiss**iez**
il/elle	finiss**ait**	ils/elles	finiss**aient**

avoir (nous **av**ons)

	j'av**ais**	nous	av**ions**
tu	av**ais**	vous	av**iez**
il/elle	av**ait**	ils/elles	av**aient**

être の語幹のみ例外

	j'ét**ais**	nous	ét**ions**
tu	ét**ais**	vous	ét**iez**
il/elle	ét**ait**	ils/elles	ét**aient**

用法

❶ 過去における継続中の行為や状態を表す（行為の始点や終点は明確ではない）。

Il **faisait** beau.　　　　　いい天気だった。

Je **prenais** une douche.　　シャワーを浴びていた。

Quand je t'ai appelé, qu'est-ce que tu **faisais** ?　電話したとき，何をしていたの？

❷ 過去の習慣

Chaque été j'**allais** chez ma grand-mère en Normandie.

毎年，夏はノルマンディーの祖母の家に行ったものだ。

2. 直説法大過去 (= 英 過去完了)

過去のある時点より以前に完了している行為や状態を表す。

助動詞 avoir / être 直説法半過去＋過去分詞（過去分詞の一致の原則は，複合過去に準ずる）

Avant de partir, j'**avais cherché** des informations sur Internet.

出発前にインターネットで調べておいた。

Quand je suis arrivé à la gare, le train **était** déjà **parti**.

駅に着いたとき，列車はもう出てしまっていた。

3. 複合過去・半過去・大過去の使い分け

> 話者がどの時点に視点をおいて語っているか，目の位置に注意。

複合過去：視点：現在／現在から見た過去

・完了「…した」　　　　　　　　　Hier j'ai fait du tennis.

・完了した行為が現在に及んでいる　Elle est sortie; elle n'est pas là.

・経験「…したことがある」　　　　J'ai été une fois en France.

半過去：視点：過去／過去の進行中の行為，過去における現在

「…していた」　　　　　　　　　Il pleuvait.

大過去：視点：過去のある時点／過去のある時点ですでに終わった事柄

「すでに…していた」　　　　　　Quand je suis arrivé, elle était déjà partie.

boîtes aux lettres

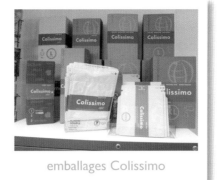

emballages Colissimo

timbre

enveloppe pour envoyer un livre

bureau de poste

enveloppes pré-timbrées

cartes postales

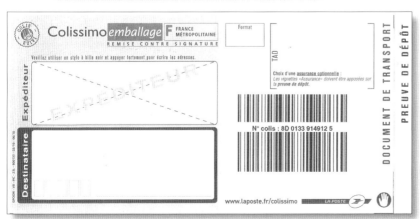

formulaire d'envoi

1 En allant à la Poste, je passerai aussi à la boulangerie.

郵便局へ行くついでに，パン屋にも寄ろう。

 **35** **DIALOGUE 1** F : Fabienne V : Victor

> F : Tu pourrais aller à la Poste tout à l'heure ?
> V : Oui, pas de problème. Tu as quelque chose à envoyer ?
> F : Oui, une lettre.
> V : D'accord. En allant à la Poste, je passerai aussi à la boulangerie, c'est sur le chemin. J'achèterai une baguette.
> F : C'est gentil, merci.

Activité 1 Sur le modèle du dialogue, utilisez le vocabulaire suivant pour imaginer une nouvelle situation. DIALOGUE 1 を参考にして「…へ行ったついでに，…にも立ち寄り，…をしよう」という文を入れ，会話しましょう。

En allant ..., je passerai ..., et je ...

à la librairie   à la pharmacie   chez le fleuriste   à la pâtisserie

2 En traversant l'avenue, vous tournez à gauche.

あの大通りを渡って左に曲がります。

 **36** **DIALOGUE 2** A : Ayaka P : Passant

> A : Pardon monsieur ! Pourriez-vous m'indiquer la Poste, s'il vous plaît ?
> P : Voyons ..., allez tout droit jusqu'au premier feu rouge. En traversant l'avenue, vous tournez à gauche. Vous la trouverez sur votre droite, à côté de la pharmacie.
> A : Merci.

 **Activité 2** Ecoutez les réponses et placez les lieux sur le plan. 音声の答えを聞き，尋ねている次の場所が地図上のどこになるか示しましょう。

37-40

1. Pardon monsieur, vous savez où est la boulangerie ?
2. Excusez-moi, je cherche la salle de sport ?
3. Pardon madame, savez-vous où je peux trouver le café de la paix ?
4. Sophie, tu sais où est la librairie ?

En allant ...
ジェロンディフ
➡ p.30 参照

Tu pourrais ... 条件法，依頼するときの丁寧な言い方

tout à l'heure すぐに
problème 男 問題
chemin 男 道
sur le chemin
通り道にある

indiquer 示す

avenue 女 大通り

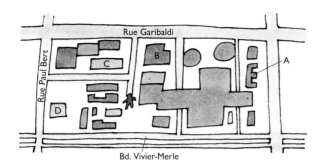

 **Activité 3**

Observez les dessins suivants et faites une phrase en utilisant le gérondif (*cf.* exemple). 例にならい，絵を見て，ジエロンディフを用いた文を作りましょう。

apprendre (*p.p. appris*)
学ぶ，習う

例　Emi apprend le français en écoutant de la musique.

3 Il vous faut 2 timbres à 1,65 €. 1.65 ユーロの切手が 2 枚必要です。

DIALOGUE 3　A : Ayaka　E : Employé 1 & 2

A　: Pour le courrier, c'est quel guichet, s'il vous plaît ?

E1 : Le guichet numéro 3.

A　: Je voudrais envoyer une lettre et une carte postale au Japon. C'est combien ?

E2 : La lettre et la carte, c'est le même prix. Il vous faut 2 timbres à 1,65 €. Voilà vos timbres.

courrier 男 郵便物
guichet 男 窓口

même 形 同じ（ような）
prix 男 値段

tarif 男 料金
poids 男 重さ，重量

→郵便料金はしばしば変更されるので、ネットで確認してみよう。

TARIFS POSTAUX

poids	Courrier pour un envoi en France	Courrier pour un envoi international
Jusqu'à 20 g	1,16 €	1,65 €
Jusqu'à 100 g	2,32 €	3,30 €
Jusqu'à 250 g	4,00 €	8.00 €
Jusqu'à 500 g	6,00 €	12,20 €

フランス国内用

国際郵便用

 **Activité 4**

Achetez des timbres pour ces envois en utilisant les tarifs ci-dessus. 郵便料金表を見て切手を買いましょう。

1. Une lettre de 150 g pour la France.
2. Deux cartes postales pour la Chine.
3. Trois lettres de 80 g pour l'Allemagne.
4. Deux lettres de 50 g pour la France et cinq cartes postales pour le Japon.

COLISSIMO EMBALLAGE INTERNATIONAL

Format	Résistance maximale	Dimensions	Toutes destinations
L	5 kg	315x210x157	49,00 €
XL	7 kg	383x250x195	69,00 €

4 Je voudrais envoyer un colis au Japon.

日本に荷物を送りたいのですが。

43 **DIALOGUE 4**   A : Ayaka   E : Employé

A : Je voudrais envoyer un colis au Japon.

E : Je vous conseille Colissimo Emballage International.

A : Qu'est-ce que c'est ?

E : C'est un système pratique et économique. Vous n'avez qu'à acheter une boîte. Avec ce prix, tout est compris : un emballage et l'affranchissement. Mais attention, il n'y a que deux formats, L, jusqu'à 5 kg et XL, jusqu'à 7 kg.

A : Il faut compter combien de temps ?

E : Environ de 7 à 10 jours.

 **Activité 5**   En regardant le tableau des tarifs, envoyez ces colis.
料金表を見て，次の荷物を送りましょう。

1. le Japon, un colis de 4.5 kg
2. l'Italie, un colis de 7 kg
3. les États-Unis, deux colis de 6 kg
4. la Suède, un colis de 4.5 kg
5. la Norvège, deux colis de 6.5 kg

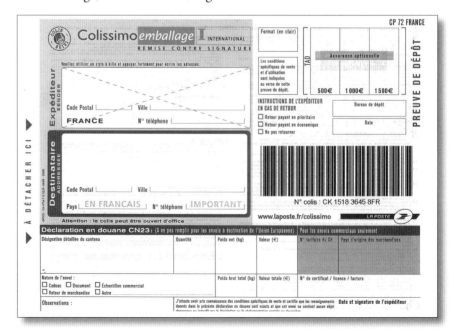

Sidebar glossary:

format 男 サイズ
résistance 女 耐久
maximal(ale)(複 aux) 形 最大の
résistance maximale 最大量
dimension 女 寸法
destination 女 届け先，目的地

pratique 形 便利な
économique 形 コストが安く上がる

n'avoir qu'à +inf. 〜しさえすればよい

affranchissement 男 切手の貼り付け
ne ... que 〜 〜しかない

 **Activité 6** Reliez les informations correspondantes et ensuite remplissez le formulaire précédent avec vos informations. ふさわしいものを結び，次にあなたの送り状を完成させましょう。

L'adresse de l'expéditeur	•	• le 22 septembre 2023 Ayaka Kato
L'adresse du destinataire	•	• Des vêtements et des livres
Désignation détaillée du contenu	•	• 2-11 Minami 5-jo Nishi-28 chome Chuo-ku, Sapporo 064-0810, Japon
La date et la signature de l'expéditeur	•	• 130 euros
Valeur	•	• 62, rue Vavin 75006 Paris France

expéditeur(*trice*) 名
発送人，差出人
destinataire 名
宛名，受取人
désignation 女
指名，示すこと
détaillé(*e*) 形 詳しい
contenu 男 中身，内容
signature 女 署名
valeur 女 価値

5 En passant les vacances à Nice, j'ai l'intention d'aller étudier dans une école de français.

ニースでバカンスを過ごして，フランス語の学校へ行こうと思っているの。

avoir l'intention de+inf.
〜するつもりだ

44 DIALOGUE 5　E : Emi　C : Christelle

E : En passant les vacances à Nice, j'ai l'intention d'aller étudier dans une école de français. J'aimerais améliorer mon français. Qu'est-ce que tu en penses ?

C : C'est une bonne idée. Mais, d'abord, cherche des renseignements sur l'école. Tu pourras t'inscrire sur le site Internet. Mais comment tu vas faire pour l'hébergement ?

E : Je voudrais choisir un séjour en famille d'accueil.

améliorer
改良する，進歩させる
renseignement 男
情報
s'inscrire (à ...)
(*p.p. inscrit*)
…に登録する
hébergement 男 宿泊
séjour 男 滞在，居間
accueil 男
もてなし，受付
famille d'accueil
ホストファミリー

6 La lettre pour la famille d'accueil　ホームステイ先への手紙

45　Madame et Monsieur Durant,

Bonjour. Je m'appelle Yoko Yamada.

Je viens d'apprendre par le Service d'hébergement du CAVILAM que je logerai chez vous pendant mon séjour à Vichy et il m'a donné votre adresse e-mail. Je suis en deuxième année à l'université et j'étudie le français depuis deux ans.

C'est mon premier voyage en France. Je suis très contente de connaître votre pays et la culture française. J'attends avec impatience de vous rencontrer et je vous remercie d'avance pour votre accueil.

Je vous prie d'accepter mes sincères salutations.

Yoko Yamada

service 男 部，課
loger 滞在する
en première (deuxième) année à l'université
大学1年生（2年生）
content(*e*) 形 満足した
pays 男 国
culture 女 文化
impatience 女
待ちきれない思い
remercier
礼を言う，感謝する
d'avance 前もって
Je vous prie d'accepter mes sincères salutations
（儀礼的な表現：手紙の結び）敬具

Grammaire 文法のまとめ

1. 現在分詞　直説法現在 nous の活用語尾から ons をとる＋ant →現在分詞

chanter　→ nous chant<u>ons</u> → chant**ant**　　　　　例外：avoir　→ ay**ant**

finir　　→ nous finiss<u>ons</u> → finiss**ant**　　　　　　　　être　→ ét**ant**

prendre → nous pren<u>ons</u> → pren**ant**　　　　　　　　savoir → sach**ant**

名詞，代名詞にかかり，形容詞的に働く。

J'ai rencontré Ayaka **sortant** de la poste.　私は郵便局から出てきたあやかに出会った。

cf. J'ai rencontré Ayaka en sortant de la poste.　私は郵便局から出たとき，あやかに出会った。

2. ジェロンディフ　en＋現在分詞→ジェロンディフ

ジェロンディフは主節の動詞に副詞的にかかって，さまざまな意味をもつ。

ただしジェロンディフの行動主は主節の主語と同一でなければならない。

用法

❶ 同時性（…しながら）　　　　　　Elle fait la cuisine **en chantant**.

❷ 原因（…によって，…して）　　　Il s'est cassé la jambe **en faisant** du ski.

❸ 手段・条件（…によって，…して）　**En travaillant** bien, tu réussiras l'examen.

❹ 対立（…だけれど）　　　　　　　Même **en mangeant** beaucoup, elle ne grossit pas.

3. 分詞構文（詳しくは→ Appendice 参照。）

分詞構文はジェロンディフと似た働きをするが，主に書き言葉で用いられる。かたい表現になる。

フランス語の手紙の書き方

右肩に発信地，日付

Tokyo, le 3 août 2023

Cher Paul,　敬辞

Comment vas-tu?........................
....
....本文
....
....
Je t'embrasse.　結辞
....
.... Marie
　　　　　　署名

敬辞や結辞は，相手との関係によって使い分けが必要である。

関係	敬辞	結辞
ごく親しい	Salut Marie, Bonjour Marie, Cher Paul, Chère Chloé,	Je t'embrasse. Bises / Grosses bises. A bientôt. Amitiés.
親しいが 距離がある	Cher Monsieur, Chère Madame, Chère Mademoiselle, Monsieur Yamazaki,	Bien amicalement. Bien cordialement.
フォーマル 事務的	Monsieur, Madame, Madame, Monsieur,	Cordiales salutations. Avec mes salutations distinguées. Veuillez agréer, Madame, (Monsieur), mes sentiments distingués.

㊻ Comment trier ? Mettez ces déchets dans les poubelles de la p. 36.
Que met-on dans la poubelle verte ?
Dans la poubelle blanche ?
Dans la poubelle jaune ?

Recyclables 資源ゴミ

les cartons d'emballage
ダンボール

les journaux
新聞

les magazines
雑誌

les briques de lait
牛乳パック

les bouteilles
en plastique
ペットボトル

les aérosols
スプレー

les boîtes de conserve
缶

les rasoirs électriques
電気カミソリ

les sèche-cheveux
ドライヤー

les paquets de gâteaux   菓子箱

Le verre ガラス

les bouteilles
瓶

les pots   ポット
（ジャムなどの容器）

les bocaux (sans
bouchon ni couvercle)
（栓，蓋なし）広口瓶

Autres   その他

la peinture
ペンキ

les médicaments
医薬品

les seringues
注射器

les déchets encombrants
粗大ゴミ

Non recyclables 非資源ゴミ

les restes de repas
残飯

les épluchures
野菜くず

les chaussures
靴

les bouteilles
d'huile
油ボトル

les vieilles télés
テレビ

les pots de yaourts cartonnés ou en plastique
ヨーグルトなどの紙・プラスティック容器

les machines à laver
洗濯機

les ampoules
電球

les jouets cassés
壊れたおもちゃ

les couches jetables
使い捨ておむつ

les déchets toxiques   有害ゴミ

les solvants   溶剤

l'huile de moteur   エンジンオイル

les déchets médicaux   医療廃棄物

vie 囡
物価，生活，人生

1 La vie est moins chère qu'à Paris. 生活費はパリよりも安い。

 **DIALOGUE 1** N : Nadège L : Louis

> L : Tu sais, je viens de déménager en banlieue.
> N : Ah oui, je ne le savais pas. Il est comment, ton nouvel appartement ?
> L : Il est plus grand que l'ancien. Il y a deux chambres et un séjour assez spacieux. Le centre commercial est tout près et la vie est vraiment plus agréable et moins chère qu'à Paris. Je peux mieux dormir qu'avant.

appartement 男
マンション
ancien(ne) 形
古くからある，古い
spacieux(se) 形
広々とした
centre commercial 男
ショッピングモール

> plus (moins) de pièces
> 名詞の比較級
> ➡ p.36 参照

bruyant(e) 形
騒々しい
animé(e) 形
活発な，にぎやかな

Activité 1 Comparez les deux appartements en utilisant les expressions ci-dessous. 下の表現を利用しながら二つのアパルトマンを比較しましょう。

例 L'appartement en banlieue a plus de pièces que l'appartement à Paris.

grand   petit   plus de pièces   animé
calme   bruyant   cher   moins de pièces

salon 男 応接室
chambre à coucher 囡
寝室
kitchenette 囡
簡易台所

sans 前 ～のない
arrondissement 男 区
situé(e) 形
～に位置する
bar 男 バー，酒場
nombreux(se) 形
たくさんの
couloir 男 廊下
moderne 形 現代の
RER (= Réseau express régional)
首都圏高速鉄道網
en face de ... …の正面に

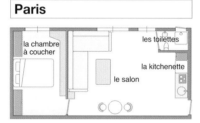

Bel appartement ancien de 2 pièces, 28 m², avec un salon et une chambre à coucher, douche, 4ᵉ étage sans ascenseur, sans parking. Paris 11ᵉ arrondissement, situé dans un quartier animé. Beaucoup de bars et cafés, nombreux magasins.
Prix : 980 euros / mois

Appartement moderne de 4 pièces, 75 m², avec un grand salon et trois chambres, cuisine, salle de bain, 9ᵉ étage, ascenseur, parking. En banlieue, à 10 minutes de la station RER, en face d'un grand parc, près d'un centre commercial.
Prix : 1160 euros / mois

 Activité 2 Décrivez votre logement. あなたの住まいを説明しましょう。

2 C'est le meilleur moyen de transport. それは最も優れた移動手段です。

(49) **DIALOGUE 2** M : Marielle V : Victor

> M : Vous venez comment au travail ?
> V : Je viens en voiture. C'est plus rapide et moins fatigant.
> Le temps, c'est de l'argent.
> M : Pourtant, on a des problèmes de stationnement et
> d'embouteillage. Et en plus, c'est polluant. Moi, je viens à
> vélo. C'est plus économique et plus écologique. C'est le
> meilleur moyen de transport.

rapide 形 速い
pourtant 副 それでも
stationnement 男
駐車
embouteillage 男 渋滞
en plus その上
polluant(e) 形
汚染する
écologique 形
環境保護の，環境にやさし
い

 **Activité 3** Faites plusieurs phrases en utilisant le superlatif.
最上級の表現を使って文を作りましょう。

[le (la) plus ... / le (la) moins ... / le (la) meilleur(e) / le mieux]

1. _____ du monde.
2. _____ du Japon. (de France etc.)
3. _____ de Tokyo. (de Sapporo etc.)
4. _____ de la classe.

monde 男 世界

 **Activité 4** Vous venez comment à l'université? Comparez vos moyens de
transports. どのようにして通学しているか，交通機関について話し
合い，また比較しましょう。

3 On peut prendre ou laisser son vélo n'importe où.
好きなところで自転車に乗り，またどこででも乗り捨てることができる。

(50) **DIALOGUE 3** A : Ayaka P : Paul

> A : C'est quoi, ce parking à vélo ? Il y en a plein d'identiques.
> P : C'est Vélib'. C'est un système de location de vélos en libre-
> service. On peut prendre ou laisser son vélo n'importe où.
> Si on prend un abonnement, c'est moins cher.
> A : Tu peux me l'expliquer encore en détail ?

laisser 残す，置いておく
n'importe où
どこにでも
identique 形 同一の
location 女 レンタル
libre-service 男
セルフサービス
abonnement 男
（定期的な使用）契約
expliquer 説明する
détail 男 詳細
en détail 詳細に

ça veut dire　つまり
liberté　[女]　自由
disponible　[形]
自由に使用できる
circulation　[女]
交通（量）
exister　存在する

受動態
être 動詞＋過去分詞
　➡ p.36 参照

électricité　[女]
電気，電力
produire (*p.p. produit*)
生産する
nucléaire　[男]　原子力
article　[男]　記事
hydraulique　[形]　水力の
éolien(*ne*)　[形]　風力の
réacteur (*nucléaire*)　[男]
原子炉
acti*f*(*ve*)　[形]
活発な，稼働している
sévèrement　[副]　厳しく
contrôler
点検する，検査する
inspec*teur*(*trice*)　[名]
検査官
accident　[男]　事故

(51)　Activité 5　　Ecoutez la suite du dialogue et répondez par ○ ou ×.
対話の続きを聞いて，内容に合っていれば○を，間違って入れば×を
つけましょう。

1. (　　) Vélib' est un système de location de vélos.
2. (　　) C'est gratuit.
3. (　　) On peut prendre un vélo 24 heures sur 24 et 7 jours sur 7.
4. (　　) Il y a 2000 stations Vélib' dans Paris.
5. (　　) Ce système existe seulement à Paris.

4 67 % de l'électricité française est produite par le nucléaire. フランスの電力の67%は原子力発電による。

(52)　DIALOGUE 4　　F : Fabienne　V : Victor

> F : Tu as lu cet article ? 67 % de l'électricité française est
> produite par le nucléaire. L'hydraulique et l'éolien ne
> produisent que 19 % de l'électricité.
> V : Oui, nous avons 56 réacteurs actifs, le deuxième pays après
> les Etats-Unis. Ils sont sévèrement contrôlés par des
> inspecteurs.
> F : Je n'y crois pas. On ne pourra pas éviter un jour d'accident
> grave comme à Tchernobyl et à Fukushima. Je trouve ça
> dangereux !

©Bernd Lauter Greenpeace

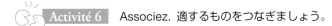

Activité 6 Associez. 適するものをつなぎましょう。

1. l'énergie solaire est produite par ...   •
2. l'énergie éolienne est produite par ...   •
3. l'énergie hydraulique est produite par ...   •
4. l'énergie nucléaire est produite par ...   •

• le vent
• la force de l'eau
• le soleil
• l'uranium

énergie 囡 エネルギー
solaire 形
太陽の，太陽光線（熱）の
force 囡 力
uranium 男 ウラン

5 Comment les déchets sont triés ?

ゴミはどんなふうに分別されているの？

(53) **DIALOGUE 5**   E : Emi   S : Sophie

E : Tu peux m'expliquer le système de tri sélectif à Paris ?
Comment les déchets sont triés ?

S : Il y a trois couleurs de poubelles : la verte pour les déchets
non recyclables, la jaune pour les déchets recyclables et la
blanche pour les bouteilles, les pots et les bocaux en verre.

E : Alors, par exemple, ce journal doit
être jeté dans la poubelle jaune ?

S : C'est ça. Et il y a d'autres catégories.
Tous les appareils électroménagers et
informatiques sont repris par les
vendeurs. C'est la loi.

tri 男 選別
sélectif(ve) 形 選択の
couleur 囡 色
exemple 男 例
par exemple たとえば
jeter 投げる，投げ捨てる
catégorie
囡 カテゴリー
appareil 男 器具
électroménager(ère)
形 家庭電化製品の
informatique
形 情報科学の，
コンピューターの
vendeur(se)
图 店員，売り手
loi 囡 法律

Activité 7 Transformez les phrases suivantes de la forme active à la forme passive. 次の文を受動態に書き換えましょう。

(54)

1. La Ville de Paris recycle les déchets de la poubelle jaune.
2. Les vendeurs reprendront les appareils électroménagers.
3. On ne jette pas les journaux dans la poubelle blanche.
4. Les Parisiens respectent le système de tri sélectif.
5. Eugène Poubelle a inventé le système de ramassage des déchets à Paris en 1883.

recycler 再利用する
respecter
尊重する，守る
inventer 考案する
ramassage
男 回収，収集

Activité 8 En petits groupes, expliquez le système de tri des déchets dans votre commune en vous aidant du vocabulaire de la page 31. p.31 を参照し，あなたの地域でのゴミの分別について話し合いましょう。

Grammaire 文法のまとめ

1. 比較級・最上級

❶ 形容詞・副詞の比較級（→ En Scène Ⅰ p.66 参照）

plus / aussi / moins 形容詞・副詞　que …

❷ 名詞の比較級

Sophie a	plus	de livres que Marc.
	autant	
	moins	

❸ 最上級（→ En Scène Ⅰ p.66 参照）

定冠詞 le / la / les ＋形容詞＋de …

定冠詞 le ＋副詞＋de …

❹ 形容詞 bon，副詞 bien は特殊な比較級・最上級を持つ。

（→ En Scène Ⅰ p.66 参照）

bon(ne)(s) - meilleur(e)(s) - le (la)(les) meilleur(e)(s)

bien – mieux – le mieux

2. 受動態　　助動詞 être ＋他動詞の過去分詞＋ par・de（…によって）

・過去分詞は主語の性・数に一致する。

・動作主を導く前置詞は，一般に par を用いるが，感情・習慣・状態などを表す動詞（aimer, détester, respecter など）は de を用いる。

・フランス語では間接目的補語を主語とする受動態は用いられない。

Beaucoup d'électricité française **est produite par** le nucléaire.

Sophie **est-elle aimée de** tout le monde ?

– « Le Petit Prince » **a-t-il été écrit par** Le Clézio ?

– Non, il n'**a** pas **été écrit par** lui. Ce livre **a été écrit par** Saint-Exupéry.

Réfléchissez à ces attitudes écologiques. Trouvez-en d'autres et proposez-les à la classe.
環境保護に役立つことは何でしょう。他にも例を挙げましょう。

1. trier ses déchets

2. ne pas utiliser de baguettes jetables

3. refuser les sacs en plastique au supermarché

Poubelle verte　　Poubelle jaune　　Poubelle blanche

LEÇON

7

mon père   ma mère   moi

ma petite
sœur

mon chien

Famille traditionnelle

une mère et son fils

Famille monoparentale

Famille avec couple pacsé

une mère et ses deux
enfants

un père et ses trois
enfants

Famille recomposée

1 C'est un écrivain français qui a obtenu le prix Nobel de littérature en 2014.
それは2014年にノーベル文学賞を受賞したフランスの作家です。

obtenir (*p.p.* obtenu)
得る，獲得する
le prix Nobel de littérature
ノーベル文学賞

qui 関係代名詞（関係節の主語）
➡ p.42 参照

anima*teur*(*trice*) 名
娯楽番組の司会者
émission 女
放送，番組
spécial(ale) 形 特別の
quiz 男 クイズ

obscur(e) 形 薄暗い

point 男 点

impressionniste
形 印象派の
peindre (*p.p.* peint)
絵を描く
nymphéa 男 スイレン
joueur(se) 名 選手
remporter 勝ち取る
tournoi 男
トーナメント
surnommer
あだ名をつける
môme 女
（くだけた表現）子ども
politique 女形
政治(の)
homme (femme) politique 政治家
président 名 大統領
République 女
（大文字で）共和国

---

55 DIALOGUE 1　P : Paul　M : Marine　A : Animateur　H : Hiroshi　S : SooYoung

M : Ce soir, il y a une émission spéciale pour les étudiants étrangers. C'est un quiz sur TV3.
P : Ah, ça a l'air intéressant. Je veux voir ça ....
　　　　　(A la télé)
A : C'est un écrivain français qui a obtenu le prix Nobel de littérature en 2014. Qui est-ce ?
H : C'est Le Clézio ?
A : Non, c'est dommage. Je continue. C'est un écrivain qui a écrit *Rue des Boutiques obscures*.
S : Patrick Modiano ?
A : Bravo ! SooYoung ! Vous avez 2 points.

Activité 1　Associez ces personnalités à leur définition en les reliant avec le pronom relatif « qui ». 2つの文を1文にし，右欄のどの人物の説明か線でつなぎましょう。

1. C'est un peintre impressionniste.
   Il a peint *Les Nymphéas*.
   　　　　　　　　　　　　　　　　　a Audrey Tautou

2. C'est une actrice française.
   Elle a joué dans *Amélie*.
   　　　　　　　　　　　　　　　　　b Charles de Gaulle

3. C'est une joueuse japonaise de tennis.
   Elle a remporté le tournoi de l'US Open en 2018 et en 2020.
   　　　　　　　　　　　　　　　　　c Monet

4. C'est une chanteuse française.
   Elle était surnommée « la Môme ».
   　　　　　　　　　　　　　　　　　d Edith Piaf

5. C'est un homme politique.
   Il a été Président de la République entre 1959 et 1969.
   　　　　　　　　　　　　　　　　　e Naomi Osaka

2 C'est un plat africain que les Français adorent.

それはフランス人が大好きなアフリカ料理です。

que 関係代名詞（関係節の動詞の直接目的補語）
➡ p.42 参照

56 DIALOGUE 2 A : Animateur S : SooYoung H : Hiroshi D : Daniela

A : C'est un musée très connu qui se trouve dans le centre de Paris.

H : C'est le musée du Louvre ?

A : Non, ce n'est pas ça. Je continue. Il y a beaucoup de peintures impressionnistes. Qu'est-ce que c'est ?

D : C'est le musée d'Orsay.

A : Bravo, Daniela ! Vous gagnez 2 points.
Dernière question pour 3 points.
Ecoutez bien ! C'est un plat africain que les Français adorent ... Daniela.

D : Ratatouille ?

A : Non, désolé. Je continue.
Il y a de la semoule, de la viande et beaucoup de légumes.

S : Couscous ?

A : Bravo SooYoung !
Vous avez gagné un luxueux séjour au Maroc ...

gagner 女 獲得する

question 女 質問

ratatouille 女
ラタトゥイユ
semoule 女 セモリナ
（デュラム小麦の胚乳の粗い粒）
couscous 男 クスクス

luxueux(se) 男 贅沢な

Activité 2   Associez ces objets avec leur définition. Faites une seule phrase en utilisant le pronom relatif « que / qu' ».
2つの文を1文にし，右のどの物の説明か線でつなぎましょう。

1. C'est un moyen de paiement très pratique.
   On peut l'utiliser dans le monde entier.   **a. la moutarde**

2. C'est un objet.
   On l'utilise, quand il pleut.   **b. l'anorak**

3. C'est un manteau très chaud.
   On le met en hiver.   **c. la carte de crédit**

4. C'est un condiment très fort.
   Les Français l'utilisent pour accompagner les saucisses.   **d. le parapluie**

entier(ère) 形 全体の
dans le monde entier
世界中で
manteau (複 x) 男
コート
condiment 男 調味料
accompagner
同行する，添えられる
saucisse 女 ソーセージ
moutarde 女
マスタード
anorak 男 アノラック

Activité 3   Faites un jeu de rôle sur un plateau d'un jeu télévisé en utilisant les dialogues 1 et 2. 関係代名詞を用いて問題文を作り，Dialogue 1, 2にならってクイズ番組のシーンを演じましょう。

celle　それ（女性名詞単数を示す指示代名詞）
　　　➡ p.42 参照

3 Ma belle mère, c'est celle qui est à côté de mon père.

新しいお母さんはお父さんの隣にいる人だよ。

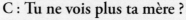

57 DIALOGUE 3　　T : Thomas　C : Christelle

T : C'est une photo de ma nouvelle famille.
C : Nouvelle famille ?
T : Mes parents ont divorcé, tu sais bien.
　　Mon père s'est remarié. Je ne suis plus
　　fils unique. Voilà j'ai deux petits frères.
　　Ma belle mère, c'est celle qui est à côté
　　de mon père. Elle aussi, c'est son
　　deuxième mariage.
C : Tu ne vois plus ta mère ?
T : Si, je la vois souvent. Pas de problème.

divorcer　離婚する
se remarier　再婚する
mariage　男　結婚

Activité 4　Présentez une famille imaginaire.
架空の家族を作り紹介しましょう。

Activité 5　Complétez avec « celui, celle, ceux, celles ». 空欄に適切な指示代名詞，celui, celle, ceux, celles を書きましょう。

1. Voici mon sac à dos et _____ de mon mari.
2. ○ Quelles chaussures préfères-tu ?
　　● _____-ci. Elles sont plus belles que _____-là.
3. ○ Quels sont ces livres ?
　　● _____-ci sont des livres sur le mariage, et _____-là sur le PACS.
4. ○ C'est ta bicyclette ?
　　● Non, c'est _____ de mon frère.

bicyclette　女　自転車

Activité 6　Mettez en valeur les mots soulignés comme dans l'exemple suivant. 例にならって下線部を強調する文を作りましょう。

例　Charles est né à Bordeaux.
　　→ C'est Charles qui est né à Bordeaux.
　　→ C'est à Bordeaux que Charles est né.

tremblement de terre
　男　地震
transporter　運ぶ

1. Il y a eu un tremblement de terre en Chine.
2. Je voudrais parler à monsieur Dubois.
3. Pierre a invité monsieur et madame Laforêt.
4. Mon père a été transporté à l'hôpital hier.

4 C'est le Pacs qu'ils ont choisi. 連中が選択したのはパックスなんだ。

58 | DIALOGUE 4 | J : Julien   A: Agathe

J : Tu sais que Céline et Guillaume se sont pacsés ?
A : Non, ce n'est pas vrai ! Quand ?
J : Il y a deux semaines, je crois.
A : Ils ne se sont pas mariés ?
J : Non. C'est le Pacs qu'ils ont choisi.

59 | Activité 7 | Écoutez l'enregistrement et remplissez les cases concernant la France. Puis remplissez celles concernant le Japon en faisant des recherches. 音声を聞いて，フランスに関するデータを書きなさい。また日本についてのデータをネットで検索しなさい。

	En France (2021)	Au Japon (　　　　)
Pourcentage d'enfants nés hors mariage		
Nombre moyen d'enfants par femme		

5 C'est quoi, le Pacs ? パックスって何ですか？

60 | LECTURE

　Le pacte civil de solidarité (Pacs) est un contrat. Il est conclu entre 2 personnes majeures, de sexe différent ou de même sexe. Il existe depuis le 13 octobre 1999.

　Il faut s'adresser à un tribunal d'instance. Le Pacs a les mêmes avantages fiscaux et les mêmes droits de succession que le mariage. Pourtant le Pacs est très populaire auprès des jeunes. Il a également d'autres avantages : il est facile à arrêter. En 2017, le Pacs représentait 46 % des unions.

| Activité 8 | Lisez le texte. Répondez par ○ ou × .
内容に合っていれば，○を，違っていれば×をつけましょう。

1. (　　) Le Pacs est conclu entre deux personnes de sexe différent uniquement.
2. (　　) Il faut aller à la mairie pour se pacser.
3. (　　) Le Pacs est populaire parce qu'on peut l'arrêter facilement.
4. (　　) En 2017, le Pacs représentait environ la moitié des unions.

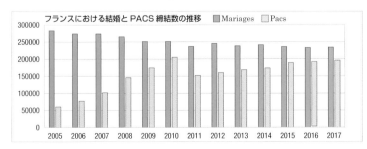

PACS (= Pacte Civil de Solidarité) 男
連帯市民協約
se pacser
連帯市民協約を結ぶ
pourcentage 男
パーセンテージ，百分率
moyen(ne) 形
平均の，平均的な
hors … …の外に
augmenter 増える
d'année en année 年々
diminution 女 減少

contrat 男 契約，協定
conclure (p.p. conclu)
(協定など) を結ぶ
majeur(e) 形 成人の
sexe 男 性，性別
différent(e) 形 異なる
s'adresser à …
…に問い合わせる
tribunal d'instance 男
小審議裁判所（日本の簡易裁判所にあたる）
avantage 男
利点，有利
fiscal(ale) (複 aux) 形
税制上の
droit 男 権利
sucession 女 相続
populaire 形 民間に広く普及した，人気のある
auprès 前 そばに，間で
jeune 形 若い
名 若者
représenter
表す，～に相当する
union 女
結びつき，団結

uniquement 副
もっぱら，ただ，単に
moitié 女 半分

1. 指示代名詞—性数変化をしない指示代名詞，ce, ça (cela), ceci

・人や物を指し，これ，（それ，あれ），これら，（それら，あれら）の意味を含む。

C'est une famille recomposée.

・漠然とした状況・事柄をさす。　　　　　　Ça va?　Ça s'est bien passé.

・ceci, cela は対照的に用いる。　　　　　　Je dois faire ceci et cela.

・ce は関係代名詞の先行詞として用いられる。　C'est ce que je voulais.

注：ce は指示形容詞と混同しないように注意する。

2. 指示代名詞—性数変化をする指示代名詞

既出の名詞を受け，物，または人を指し示す。

❶「**定冠詞＋既出名詞**」の代わりをする。（あとに de＋名詞）または，関係代名詞が続く。

Voici mon sac à dos et celui de ma femme.

Voilà des robes. Prends celle que tu aimes.

	単数	複数
男性	celui	ceux
女性	celle	celles

❷**接尾語 -ci, -là をつけることによって遠近を表す。**

Il y a deux chambres. Celle-ci est plus claire que celle-là.

❸**既出の名詞を受けずに使われる場合は人を表す。**

Ceux qui ont fini l'examen peuvent sortir.

3. 関係代名詞

❶qui　関係節の主語として用いられる。先行詞は人でも物でもよい。

先行詞 qui ＋動詞

Tu connais l'écrivain qui a obtenu le prix Nobel de littérature en 2014 ?

Ma belle mère, c'est celle qui est à côté de mon père.

Ma mère sait bien ce qui m'est arrivé.

❷que　関係節の直接目的補語，属詞として用いられる。先行詞は人でも物でもよい。
なお，過去分詞の一致には注意が必要である。

先行詞 que＋主語＋動詞

Le sac que j'ai acheté hier est très pratique.　　（直接目的補語）

Vous avez reçu la lettre que je vous ai envoyée ?　（直接目的補語）

Tu sais ce qu'il est devenu ?　　　　　　　　　（属詞）

4. 強調構文 （＝⑱*it's … that*）

主語の働きをしているものを強調する場合　　→ C'est … qui ～ .

主語以外の働きをしているものを強調する場合　→ C'est … que ～ .

Marc a invité Sophie chez lui hier.

Marc　　　→ C'est Marc qui a invité Sophie chez lui hier.

Sophie　　→ C'est Sophie que Marc a invitée chez lui hier.

chez lui　→ C'est chez lui que Marc a invité Sophie hier.

hier　　　→ C'est hier que Marc a invité Sophie chez lui.

La vie quotidienne(2) :
Comment passer le
week-end ?
日常生活(2)：週末の過ごし方

LEÇON
8

un cinéma

L'Opéra Garnier

Notre-Dame

Le parc des Buttes-
Chaumont

Strasbourg

Les Champs-Élysées

Les Halles

Le Musée du Louvre

Le Musée d'Orsay

Le Mt. Saint-Michel

Montmartre

Qui 疑問代名詞
➡ p.48 参照

1 Qui attendez-vous ? 誰を待っているの？

61 DIALOGUE 1　　P : Pauline　A : Ayaka

P : Qui attendez-vous ?

A : J'attends Christelle.
　　Nous allons faire du shopping
　　à Saint-Michel.

P : Qu'est-ce que vous voulez acheter ?

A : Moi, j'ai besoin de nouvelles chaussures.
　　Elle, elle compte acheter une nouvelle robe.

Activité 1　　Complétez avec des pronoms interrogatifs.
適切な疑問代名詞を下線部に書きなさい。

1. _____ se passe ?　　　　　　　Un accident de voiture.
2. _____ tu attends ?　　　　　　J'attends Ayaka.
3. _____ regardez-vous ?　　　　　Un oiseau sur la branche, là.
4. Avec _____ feras-tu ce voyage en France ?
　　　　　　　　　　　　　　　　　　Avec ma famille.
5. De _____ est-ce que vous parliez ?　D'un nouveau film.

oiseau(複 x) 男 鳥
branche 女 枝
parler de ...
…について話す

2 Lesquelles ? どれですか？

lesquelles
（複合疑問代名詞）
どれ　➡ p.48 参照

62 DIALOGUE 2　　A : Ayaka　V : Vendeuse

A : Excusez-moi, je voudrais essayer ces chaussures.

V : Lesquelles ?

A : Celles-ci, à droite, de couleur noire avec des talons hauts.

V : D'accord. Quelle est votre pointure ?

A : Je chausse du 38.

V : Un instant, s'il vous plaît, je vais les chercher.

talon 男 かかと
haut(e) 形 高さがある
pointure 女 （靴・手袋・
帽子の）サイズ
chausser du ...
靴のサイズは…です

Pointure									
France	32	33	34	35	36	37	38	39	40	41
Japon	20.3	21	21.6	22.3	23	23.6	24.3	25	25.6	26.3

 **Activité 2** Sur le modèle du dialogue, achetez les objets suivants.
DIALOGUE 2 を参考に次のものを買い求めましょう。

les sandales les bottes les chaussures de sport
(blanches / brunes) (noires / marron)

sandale 囡 サンダル
brun(e) 形 茶色の
botte 囡 長靴, ブーツ
marron
形 （不変）栗色の

3 Tu fais quelle taille ? あなたのサイズは？

taille 囡 服のサイズ

63 DIALOGUE 3 C : Christelle A : Ayaka

A : Regarde cette jolie robe !
C : Laquelle ?
A : La bleue qui a des petites fleurs.
C : Ah, oui ! J'aime beaucoup celle-ci.
A : Tu fais quelle taille ?
C : Je fais du 40.
A : Tiens, prends celle-ci.

laquelle
（複合疑問代名詞）
どれ　　➡ p.48 参照

Je fais du 40.
サイズは 40 です。
la cabine d'essayage
試着室

	Taille (femme)						Taille (homme)					
	S		M		L		S		M		L	
France	34	36	38	40	42	44	38	40	42	44	46	48
Japon	5	7	9	11	13	15	S		M		L	

 **Activité 3** Sur le modèle du dialogue, achetez les vêtements suivants.
DIALOGUE 3 を参考に次のものを買い求めましょう。

1. une veste noire / grise   pour homme / femme
2. un manteau rouge / beige   pour femme
3. un jean bleu / bleu foncé   pour homme / femme
4. des gants en laine / en cuir   de couleur noire / brune

gris(e) 形 グレー
beige 形 ベージュ色の
foncé(e) 形 濃い
gant 男 手袋
laine 囡 毛糸, 羊毛
en laine ウールの
（en は材質を表す）
cuir 男 革

Si on＋半過去形？
〜しませんか（勧誘）

dont 関係代名詞
➡ p.48 参照

4 Si on allait au cinéma ? 映画に行かない？

 **DIALOGUE 4**　P : Paul　A : Ayaka

> P : Tu es libre ce soir ?
> A : Oui, pourquoi ?
> P : Si on allait au cinéma ? J'aimerais bien voir le dernier film
> 　　de François Ozon dont on parle beaucoup en ce moment.
> 　　En plus, à côté du cinéma où passe le film, il y a un très
> 　　bon restaurant. On peut y manger après le film.
> A : C'est une bonne idée.

Activité 4　Faites un dialogue sur une sortie en vous référant aux photos
de la page 43. Utilisez les expressions suivantes. 43 ページの
写真を参考に外出の計画についてのやり取りをしましょう。下の表
現も使いましょう。

Tu es libre …?	Si on allait / prenait / faisait …?
Tu veux venir avec nous ?	Avec plaisir.
C'est une bonne idée.	A quelle heure …?
Je ne peux pas …	Je voudrais bien mais je dois …

où 関係代名詞
➡ p.48 参照

5 Cherchons en un autre où ils pourront s'amuser.
子どもたちみんなが楽しめる所にしましょう。

s'amuser (de …) （…を）
楽しむ

DIALOGUE 5　C : Clément　L : Léa

> L : Qu'est-ce qu'on fait ce week-end ? Il y a une activité que
> 　　tu voudrais faire ?
> C : Je ne sais pas. Je n'y ai pas encore réfléchi. Si tu veux, on
> 　　peut aller au nouveau centre commercial qui vient d'ouvrir.
> 　　Il y a plein de boutiques intéressantes.
> L : Oui mais … Ce n'est pas un endroit pour les enfants.
> 　　Cherchons en un autre où ils pourront s'amuser.

réfléchir à …
(p.p. réfléchi)
…についてよく考える
ouvrir (p.p. ouvert)　開く
endroit 男　場所
d'ailleurs　それに
chéri(e) 形名
大切な，愛しい（人）
coin 男
隅，コーナー，界隈
paysage 男　風景，景色

de nouveau
再び，もう一度

Activité 5　En écoutant la suite du dialogue répondez aux question suivantes.
会話の続きを聞いて質問に答えましょう。

1. Que propose de nouveau Clément ?
2. Et pourquoi ?
3. Que feront-ils ensuite ?

 **Activité 6**

㊆

Imaginez des questions en fonction des cartes et posez-les aux voisins ! カードに書かれた単語を元に質問文を考え，周りの人とやりとりをしましょう。

例　**animal**　→　Tu aimes les animaux ?

Tu préfères les chiens ou les chats ?

Tu as un animal domestique ?

Quand tu étais petit(e), tu allais souvent au zoo ?

Tu t'intéresses à la protection des animaux en voie de disparition ?

zoo 男 動物園
protection 女 保護
en voie de ...
…の途中にある
disparition 女
消滅，滅亡

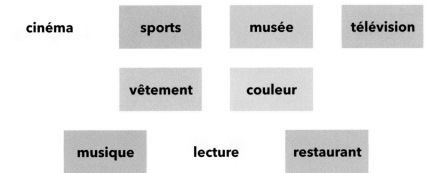

cinéma　**sports**　**musée**　**télévision**

vêtement　**couleur**

musique　**lecture**　**restaurant**

 **Activité 7**

㊇

D'après ce modèle, imaginez un poème à partir des mots suivants en utilisant les 4 pronoms relatifs « qui, que, où, dont » 次の語から好きなものを選び，« qui, que, où, dont » の関係代名詞を用いて詩を作りましょう。

la montagne

la mer　la rivière　la fleur　la forêt

例　la lune

La lune qui est dans le ciel
La lune que j'admire
La lune où je rêve d'aller un jour
La lune dont la couleur est jaune d'or.

lune 女 月
ciel 男 空
admirer 賞賛する
rêver de ... …を夢見る
or 男 金
forêt 女 森

Grammaire 文法のまとめ

1. 疑問代名詞 「誰」,「何」の意味で主語, 直接目的補語, 属詞に, また前置詞をともない間接目的補語や状況補語になる。

	主語	直接目的補語・属詞	間接目的補語・その他の状況補語
人	Qui Qui est-ce qui	Qui (＋倒置形) Qui est-ce que S＋V	前置詞＋ qui (＋倒置形) 前置詞＋ qui est-ce que S＋V
もの	Qu'est-ce qui	Que (＋倒置形) Qu'est-ce que S＋V	前置詞＋ quoi (＋倒置形) 前置詞＋ quoi est-ce que S＋V

❶ 人についてたずねる

1) 主語「誰が〜するのですか？」

Qui travaille à Bordeaux ? = **Qui est-ce qui** travaille à Bordeaux ?

2) 直接目的補語「誰を〜するのですか？」 **Qui** aime-t-il ? = **Qui est-ce qu'**il aime ?

3) 属詞「〜は誰ですか？」**Qui** est-ce ?

4) 間接目的補語・その他の状況補語「誰に（誰と etc.）〜するのですか？」

A qui écrivez-vous ? **Avec qui** est-ce que vous travaillez ?

❷ 人以外のものについてたずねる。

1) 主語「何が〜するのですか？」（一語では主語にはならない）**Qu'est-ce qui** arrive ?

2) 直接目的補語「何を〜するのですか？」 **Que** faites-vous ? = **Qu'est-ce que** vous faites ?

3) 属詞「〜は何ですか？」 **Que** deviens-tu ?

Qu'est-ce que c'est ?

4) 間接目的補語・その他の状況補語

De quoi parlez-vous ? = **De quoi est-ce que** vous parlez ?

日常会話では疑問代名詞が末尾におかれることもある。

C'est **qui** ? / Il fait **quoi** ?（que は quoi に変わる）

2. 複合疑問代名詞：（2つのうち）どちら,（〜のうち）どれ,（〜のうち）だれ

定冠詞＋**quel, quelle, quels, quelles** の形をとり, ものおよび人を示す既出, あるいは後出の名詞のうち<u>どれか</u>を表す。

Laquelle de ces deux chambres préfères-tu ? J'aime celle-ci.

Il y a beaucoup de parapluies. **Lequel** est le tien ?

前置詞 à, あるいは de は次にくる疑問代名詞の定冠詞の部分と合体する。

Vous parlez d'un roman ? **Duquel** ?

男性名詞・単数	女性名詞・単数	男性名詞・複数	女性名詞・複数
lequel	laquelle	lesquels	lesquelles
auquel	à laquelle	auxquels	auxquelles
duquel	de laquelle	desquels	desquelles

3. 関係代名詞

❶ où 場所や時を示す関係代名詞 C'est la ville **où** Martin et Olivia se sont rencontrés.

C'est l'heure **où** je dois partir.

❷ dont 前置詞 de を含む関係代名詞

Je connais la fille **dont** le père est journaliste. ← Je connais la fille.

Le père <u>de cette fille</u> est journaliste.

C'est le film **dont** on parle beaucoup. ← C'est le film.

On parle beaucoup <u>de ce film</u>.

Jeu de l'oie （すごろく）

Jette le dé et avance. Si tu ne peux pas répondre à la question, recule de deux cases. Si tu tombes sur une case illustrée, repose-toi.

さいころを用意し，出た目の数だけ進みましょう。質問に答えられなければ，２つ戻ります。絵の箇所はお休みです。

(69)

| Compte de 11 à 16. ➡ | Quel est ton rêve ? ➡ | **Ton rêve est réalisé !** |

Pose une question à ton voisin. ⬅ Cite une activité culturelle. ⬅ Cite trois activités sportives. ⬅

⬆

Le gérondif du verbe aller ? ➡ Si tu étais riche, qu'est-ce que tu voudrais faire ? ➡ Demande poliment l'heure. ➡ Cite les quatre pronoms relatifs.

⬆

L'imparfait du verbe faire ? ⬅ Cite trois parties du corps. ⬅ Le contraire de « monter » ?

⬆

Cite un nom de région française. ➡ Quelles sont les couleurs du drapeau français ? ➡ Cite un monument français.

⬆

Cite une spécialité gastronomique française. ⬅ Qu'est-ce que tu feras demain ? Qu'est-ce que tu as fait hier ? ⬅ Qu'est-ce que tu aimes ? (3 réponses)

⬆

Point de départ ➡ Tu t'appelles comment ? ➡ Tu as quel âge ?

1 Qu'est-ce que tu voudrais faire plus tard ?

君はこの先どんなことがしたいの？

Tu voudrais
条件法現在
願望　➡ p.54 参照

70 DIALOGUE 1　P : Paul　E : Eri

P : Après mes études, j'aimerais retourner dans ma région natale. Je voudrais être restaurateur. Il y a beaucoup de produits de bonne qualité comme des vins, des fromages, des champignons etc. J'ouvrirai un restaurant. Et toi, qu'est-ce que tu voudrais faire plus tard ?

E : Moi, je voudrais bien travailler dans une agence de voyage. Je m'intéresse au tourisme. Et j'aime pratiquer l'anglais et le français que j'ai appris à l'université.

natal(*e*) 形 出生の
restaura*teur*(*trice*)
レストラン経営者
produit 男 製品
qualité 女
質，長所，身分
champignon 男
きのこ
agence 女 代理店
s'intéresser à ...
…に興味を持つ
tourisme 男 観光
pratiquer
（日常的に）行う，実践する

 Activité 1　Qu'est-ce qu'ils voudraient faire comme métier et pourquoi ?
彼らは何になりたいのか？　またその理由は何でしょう。

architecte 名 建築家
architecture 女
建築（学）
type 男 タイプ，種類
créer
創造する，作り出す
idé*al*(*ale*)（複 *aux*） 形
理想的な
pâtiss*ier*(*ère*) 名
ケーキ職人
participer à ...
…に参加する
concours 男
コンクール，選抜試験
guerre 女 戦争
en guerre 戦争中の
faire+inf.
使役動詞 〜させる
misère 女 悲惨事，困窮
condition 女
条件，状況
intelligence artificielle
女 人工知能
métier 男 職業
à la mode 流行の

Enzo
architecte
· s'intéresser aux architectures de types différents
· créer une maison idéale

Emma
pâtissière
· ouvrir une pâtisserie
· participer au concours de pâtisserie

Mathieu
photographe
· prendre des photos d'enfants
· aller dans les pays en guerre
· faire connaître la misère des femmes et des enfants

Emi
femme politique
· améliorer les conditions de travail des femmes
· changer le monde

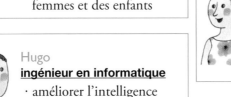
Hugo
ingénieur en informatique
· améliorer l'intelligence artificielle
· métier à la mode

 Activité 2　Quand vous aurez terminé vos études, que voudriez-vous faire et pourquoi ? 卒業後どんな職業につきたいですか？　またその理由も説明しましょう。

2 Tu devrais rester calme et souriant.

落ち着いて，にっこりしていなきゃ。

Tu devrais + inf.
条件法現在
語気緩和　➡ p.54 参照

⑦¹ DIALOGUE 2 　A : Annie　L : Lucas

A : Qu'est-ce que tu as ?

L : J'ai un entretien d'embauche cet après-midi. Je suis tendu.

A : Tu devrais rester calme et souriant. Ne réfléchis pas trop.

souriant(*e*) 形
にこやかな

entretien 男　面談
embauche 女　雇用

Activité 3　Donnez de bons conseils à vos camarades qui ont un entretien d'embauche, en utilisant les expressions suivantes.
次の表現を使って，面接に向かう友人に助言しましょう。

Tu devrais …	Il faudrait …
Tu ne devrais pas …	Il ne faudrait pas …

3 Pourriez-vous me dire … ? 教えていただけますか？

⑦² DIALOGUE 3　L : Lucas　R : Réceptionniste

L : Excusez-moi, pourriez-vous me dire où se trouve le bureau de M. Moreau, s'il vous plaît ? J'ai rendez-vous avec lui à 10 heures.

R : M. Moreau ? Très bien.
　Je vais vous accompagner jusqu'à son bureau.

Pourriez-vous + inf.
条件法現在
　➡ p.54 参照

avoir rendez-vous avec …
…と会う約束がある

4 Si tu lui envoies un mail, il sera content.

彼にメールしたら喜ぶわよ。

⑦³ DIALOGUE 4　C : Charles　A : Annie

C : Tu as des nouvelles de Lucas ?

A : Oui. Il est enfin embauché à Bordeaux. Il vient de recevoir la réponse. Si tu lui envoies un mail, il sera content.

nouvelle 女
（複数で）消息，便り
embaucher
～を雇う，採用する
recevoir (*p.p. reçu*)
受け取る

Activité 4　Conjuguez le verbe au temps qui convient. （　　）内の動詞を適切な形にして，実現の可能性がある文にしましょう。

1. Si tu (boire) encore, tu (être) malade.
2. S'il (faire) beau demain, on (aller) à la mer.
3. Même si tu (expliquer) autrement, il ne (comprendre) jamais. Il est têtu.

autrement 副
別の方法で

5 Si j'avais du temps, je ferais du sport pour me détendre.

時間があったら，のんびり運動するのにな。

Si ...
半過去，条件法現在
➡ p.54 参照

(74) DIALOGUE 5　　T : Thomas　　C : Claude

approcher　近づく

> T : Oh là là, les examens approchent, je ne dors pas assez, je suis trop fatigué et stressé. Si j'avais du temps, je ferais du sport pour me détendre.
> C : Oui, tu as raison.

raison　女　理由
avoir raison
～の言うとおり，ごもっとも

Activité 5　　Que feriez-vous / ferais-tu, si ... あなたならどうしますか。

loto　男　くじ
millionnaire　名形
百万長者（の）
maire　男
市（町・村）長

1. Si vous gagniez au loto,
2. Si vous aviez plus de temps,
3. Si vous étiez millionnaire,
4. Si tu étais maire,

Activité 6　　Si les conditions étaient différentes, que se passerait-il ?
条件法現在を用いて，次の状況から考えられる文を作りましょう。

(75)

situation　女　状況
conduire (p.p. conduit)
運転する
stage　男　研修，実習
occupé(e)　形　忙しい

Situation 1 Il pleut. Nous ne pouvons pas aller en montagne.
Situation 2 Il conduit très vite et mal. Je ne veux pas monter dans sa voiture.
Situation 3 Il n'a pas assez d'argent. Il ne peut pas participer au stage en France.
Situation 4 Je suis occupée. Je ne peux pas aller au cinéma avec lui.

6 Si j'avais étudié davantage, je n'aurais pas raté l'examen.

もっと勉強していたら，試験でしくじることはなかっただろうに。

Si ...
大過去，条件法過去
➡ p.54 参照

(76) DIALOGUE 6　　M : Maxime　　A : Annie

davantage　副
それ以上に
note　女　点数，成績
moyenne　女
平均，（試験の及第点となる）満点の半分

> M : J'ai eu mes notes. Je n'ai pas la moyenne en français. Si j'avais étudié davantage, je n'aurais pas raté l'examen.
> A : Oui, tu aurais dû moins t'amuser tous les weeks-ends !

Activité 7　　Imaginez la suite. あなたならどうしていましたか？

1. Si tu n'avais pas choisi cette université,
2. Si vous n'aviez pas perdu votre argent,
3. Si tu m'avais écouté,
4. Si tu avais eu plus de temps,

perdre (p.p. perdu)　失う

Activité 8　　Si les conditions avaient été différentes, que se serait-il passé ?
条件法過去を用いて，次の状況から考えられる文を作りましょう。

(77)

malheureux(se)
形　不幸な
terminer
…をやり終える
horrible　形　恐ろしい

Situation 1 Tu n'es pas venu chez moi. Tu n'as pas pu rencontrer Marie.
Situation 2 Elle s'est mariée avec lui. Elle était malheureuse.
Situation 3 Ils m'ont beaucoup aidé. J'ai pu terminer ce travail.
Situation 4 Tu es sorti plus tôt. Tu n'as pas assisté à cet horrible accident.

(78) DIALOGUE 7　C : Chloé　M : Marine

C : J'ai décidé de partir pour Francfort en Allemagne pour ma troisième année d'études.

M : Ah oui, le système Erasmus !

C : Exactement ! Je pense y rester 9 mois.

M : Et les examens ?

C : Je passerai les examens à Francfort. Ils seront validés.

exactement 副
まさに，そのとおり，正確に

européen(ne) 形
ヨーロッパの
Union européenne
欧州連合
million 男 百万
permettre (*p.p. permis*)
許す，可能にする
permettre à ... de inf.
…に〜することを可能にする
car 接 なぜなら
bourse 女 奨学金
professionnel(le) 形
職業上の
interculturel(le) 形
異文化間の
découverte 女 発見

(79) LECTURE

　Le programme Erasmus est un système d'éducation de l'Union européenne. Plus de 12 millions d'étudiants y ont déjà participé jusqu'à maintenant. Il est né en 1987. Ce programme permet aux étudiants européens de passer de 3 à 12 mois d'études dans une autre université étrangère. Il y a beaucoup d'avantages : Leurs études sont validées dans leur université de départ. Car les universités européennes ont le même système scolaire. En plus, ils peuvent recevoir une bourse Erasmus. Vivre à l'étranger est une grande chance pour leur avenir professionnel, mais c'est aussi le moment de rencontres interculturelles et de découverte du monde.

　Depuis 2004, les étudiants hors Union européenne peuvent aussi y participer.

création 女 創作，創設
bénéficier de ...
…の恩恵を受ける

 **Activité 9**　Répondez aux questions.
質問に答えましょう。
(80)

1. Quand est-ce que le programme Erasmus a été créé ?
2. Combien d'étudiants ont bénéficié de ce programme depuis sa création ?
3. Est-ce que les études à l'étranger ne sont pas validées dans l'université d'origine ?
4. Est-ce que les étudiants japonais peuvent y participer ?

étude 女
勉学，研究，調査
gouvernement 男 政府
avoir confiance en ...
…を信頼する
baisser 低くする，低くなる
actuel(le) 形
現在の，今日的な
sûr(e) 形
確信している，信頼している
être sûr(e) de ...
…を確信している，信頼している
souhaîter 願う，望む
activité 女 活動
société 女 社会
différence 女 違い

(81) Activité 10　Ecoutez l'enregistrement et répondez aux questions suivantes.
音声を聞いて以下の質問に答えましょう。

1. Êtes-vous content de votre vie actuelle ?
2. Quel est le pourcentage de jeunes français qui veulent améliorer leur société ?
3. Et celui des jeunes japonais ?

条件法

❶条件法現在　直説法単純未来の語幹＋r＋直説法半過去の語尾

être		avoir		aimer		finir	
je	serais	j'au	j'aurais		j'aimerais	je	finirais
tu	serais	tu	aurais	tu	aimerais	tu	finirais
il	serait	il	aurait	il	aimerait	il	finirait
nous	serions	nous	aurions	nous	aimerions	nous	finirions
vous	seriez	vous	auriez	vous	aimeriez	vous	finiriez
ils	seraient	ils	auraient		ils	aimeraient	ils	finiraient

❷条件法過去　助動詞（avoir / être）の条件法現在＋過去分詞

助動詞が être の場合，過去分詞は複合過去と同様に，主語の性・数に一致する。

❸用法

1. 願望を表す（現在，未来の事柄について，断定を避け，語気を和らげる）

   Je **voudrais** être médecin.　　　　　　僕は医者になりたい。

   J'**aimerais** travailler à étranger.　　　　私は外国で働きたい。

2. 語調を緩和し，丁寧な依頼の表現を作る

   Pourriez-vous me prêter votre stylo ?　　ボールペンを貸していただけますか？

   Tu **pourrais** m'accompagner jusqu'à la gare ?　駅まで送ってくれる？

   Tu **devrais** essayer ... ?　　　　　　　　やってみたら？

3. 推測や伝聞を表す

   条件法現在は現在・未来の推測に，条件法過去は過去の推測に使う

   Elle est absente. **Serait**-elle malade ?　彼女が来ていない。病気なのだろうか？

   　　　　　　　　　（直説法現在より，推測のニュアンスが強くなる）

   Elle **serait** déjà arrivée.　　　　　　　彼女はもう着いたかもしれない。

   Il y **aurait** eu un accident.　　　　　　事故があったらしい。

4. 現在の事実に反する仮定や，未来の実現不可能な事柄の仮定とその結果の推測

   Si ＋直説法半過去，条件法現在

   Si j'**avais** du temps, je **ferais** du sport.　　　もし時間があったら，スポーツをするのになあ。

   ▶実現が可能であると思われる条件のもとでは，条件法は用いない。

   → **Si＋直説法現在，直説単純未来形** を用いる。

   Si nous **prenons** un taxi, nous **serons** à l'heure.　タクシーに乗れば，間に合うよ。

5. 過去の事実に反する仮定とその結果の推測

   Si ＋直説法大過去，条件法過去

   Si tu **avais** étudié davantage, tu **aurais** réussi l'examen.

   もっと勉強していたら，君は試験にパスしていただろうに。

1.

Je veux que   Je veux qu'elle soit avec lui.
Je souhaite que   Je souhaite que ce cadeau vous plaise.
J'aime que   J'aime qu'on se parle.

Je suis content(e) que   Je suis contente que mon fils ait réussi ce concours.

Je suis heureux(se) que Nous sommes heureux que vous soyez venu.

Je suis surpris(e) que   Je suis surpris qu'elle ait pleuré.
J'ai peur que   J'ai peur qu'il ne pleuve.

Je regrette que   Je regrette qu'il me trompe.
Je suis déçu(e) que   Je suis déçue que tu me quittes.

2.

Il faut que   Il faut que tu apportes ces dossiers.
Il vaut mieux que   Il vaut mieux que tu ailles voir un médecin.

Il est triste que   Il est triste que mon chat soit mort.
Il est dommage que   Il est dommage que tu rentres en France.

3.

Je ne crois pas que   Je ne crois pas qu'il puisse finir ce travail.
Croyez-vous que....?   Croyez-vous qu'il vienne à l'heure?

4. 時
（…前に，…まで）

avant que   Il arrivera avant qu'il fasse nuit.
jusqu'à ce que   Elle reste jusqu'à ce qu'il revienne.

目的
（…するために）

pour que   J'allume le chauffage pour que vous n'ayez pas froid.

条件
（…という条件で）

à condition que   Je te parle de cette histoire à condition que tu ne dises rien à personne.

pourvu que   Tu peux faire ce que tu veux pourvu que tu ne me déranges pas.

譲歩
（…にもかかわらず）

bien que   Bien qu'il soit riche, il est malheureux.
quoi que   Quoi que je l'aime, il est froid avec moi.

否定
（…せずに）

sans que   Il est sorti sans qu'elle s'en aperçoive.

危惧
（…をおそれて）

de peur que   Couvre le bébé, de peur qu'il ne prenne froid.

Il faut que S + V
（接続法）
➡ p.60 参照

1 Il faut que tu partes. 出発しなければならない。

(83) **DIALOGUE 1**　M.D : Monsieur Dusapin　Mme D : Madame Dusapin　A :Ayaka

de temps en temps　時々

> Mme D : Le temps passe vite. Quand tu rentres au Japon,
> écris-nous de temps en temps.
> A : Bien sûr. Je vous remercie pour tout ce que vous
> avez fait pour moi pendant mon séjour.
> M. D : Ayaka, c'est l'heure. Il faut que tu partes.
> Je t'embrasse. Bon retour au Japon.

 **Activité 1**　Conjuguez la suite. 人称を変えて言ってみましょう。

Il faut que je parte tout de suite.

→ Il faut que tu ....

Il est préférable que S + V
（接続法）
➡ p.60 参照

2 Il est préférable que tu écrives une lettre.
手紙を書いたほうがいいわ。

(84) **DIALOGUE 2**　N : Nadège　P: Pauline

préférable 形
より好ましい，〜するほう
がよい（de）

organisé(e) 形
企画準備された
voyage organisé
パック旅行
ne ... que　しか…ない
guide 名
ガイド，案内人
inconfortable 形
快適でない
⇔ confortable

> N : Alors, ton voyage s'est bien passé ?
> P : Non, pas vraiment. C'était la première fois que je faisais
> un voyage organisé, mais je n'ai eu que des problèmes : le
> guide n'était pas très sympa et les hôtels étaient
> inconfortables.
> N : Il est préférable que tu écrives une lettre à l'agence de
> voyages pour expliquer la situation.

Activité 2　Sur le modèle du dialogue, donnez un conseil.
DIALOGUE 2 を参考にして助言しましょう。

lecteur 男
音声再生装置
lecteur de DVD 男
DVD プレーヤー
ne ... plus　もう…ない
échange 男　交換
remboursement
男 払い戻し

1. J'ai acheté un lecteur de DVD, il ne marche plus :
retourner au magasin et demander un échange. →
2. Mon voisin écoute de la musique rock trop fort :
aller le voir et parler avec lui →
3. Le train a eu deux heures de retard : écrire une lettre à
la SNCF et demander un remboursement. →

3 C'est vraiment dommage qu'elle ne puisse pas s'en servir.

それを使えないなんて本当に残念ね。

C'est dommage que
S + V〔接続法〕
…は残念だ
➡ p.60 参照

⑧⑤ DIALOGUE 3 J : Julie　A : Azuki

J : J'ai enfin acheté un smartphone à ma mère sur Amazon France.

A : C'est génial ! Elle va pouvoir télécharger l'application « Line » et vous allez communiquer gratuitement parce que téléphoner du Japon jusqu'en France coûte terriblement cher.

J : Ah ça, tu l'as dit !!! Le problème, c'est qu'elle refuse de l'utiliser car elle dit qu'elle ne connaît rien aux smartphones.

A : Je comprends. C'est la même chose chez moi. Mais bon … C'est vraiment dommage qu'elle ne puisse pas s'en servir.

se servir de ...
～を使う，利用する
télécharger
ダウンロードする
application 〔女〕
応用，アプリ
gratuitement 〔副〕
無報酬で
terriblement 〔副〕
ひどく
Tu l'as dit ! (= Tu as raison !)　その通り！
refuser de + inf.
～することを拒む
chose 〔女〕
こと，事柄，物

4 Il ne voulait pas que je sorte avec mes amis.

彼は，私が友達と出かけるのを嫌がった。

Il ne voulait pas que
S + V（接続法）
➡ p.60 参照

⑧⑥ DIALOGUE 4 C : Camille　L : Léa

C : Je me suis encore disputée avec mon petit ami.

L : Mais pourquoi ?

C : Il ne voulait pas que je sorte avec mes amis au cinéma. Il aurait préféré qu'on sorte ensemble tous les deux. Je l'aime bien mais, de temps en temps, j'ai aussi envie de sortir avec mes amis !

se disputer avec ...
～と口論する
petit ami / petite amie
恋人

Il aurait préféré que
S + V（接続法）
➡ p.60 参照

Activité 3 Vos parents ne sont pas d'accord ! Exprimez leurs préférences en utilisant le subjonctif présent et le conditionnel passé selon le modèle suivant. DIALOGUE 4 を参考に，接続法現在，条件法過去を用いて親の気持ちを表現しましょう。

例 sortir avec mes amis / étudier pour mes examens
　　→ Ma mère ne voulait pas que je sorte avec mes amis.
　　　Elle aurait préféré que j'étudie pour mes examens.

1. regarder la télévision / faire le ménage dans ma chambre → Ma mère …
2. jouer à des jeux vidéo / lire un livre → Mes parents …
3. rentrer tard / l'aider à préparer le dîner → Ma mère …
4. devenir musicien / travailler dans une grande entreprise → Mon père …

entreprise
〔女〕企業，会社

service
男 奉仕, サービス

avant qu'il ne parte.
…する前に（接続法）
従属節のなかで，文意が
肯定であるにもかかわら
ず，動詞が ne を伴う場
合がある。これを虚辞の
ne という。ne は否定の
意味を持たない。

possible 形 可能な

Il est possible qu'il ait
raté son train.
（接続法過去）
→ p.60 参照

5 J'ai un service à lui demander avant qu'il ne parte.

彼が出かける前に頼みたいことがある。

87 DIALOGUE 5　　V : Virginie　L : Lucie

V : Damien est encore là ? J'ai un service à lui demander
avant qu'il ne parte. J'aimerais qu'il passe à la Poste.
L : Ah, je pense qu'il est déjà parti, désolée.
V : Tant pis.

6 Il est possible qu'il ait raté son train.

彼が汽車に乗り遅れたということもありうるよ。

88 DIALOGUE 6　　P : Paul　M : Marine

P : Alex n'est pas encore arrivé ?
M: Non, c'est bizarre, en général il est toujours à l'heure. Et il
n'a pas téléphoné non plus.
P : Il est possible qu'il ait raté son train. On va commencer la
réunion sans lui.

Activité 4　　Réfléchissez à d'autres raisons au retard d'Alex.
アレックスが遅れた別の理由を考えましょう。

1. il a eu un accident de voiture.　　3. il s'est trompé d'heure.
2. il ne s'est pas réveillé.　　4. il a oublié la réunion.

7 La politique culturelle de la France　　フランスの文化政策

89 LECTURE

　　Dans tous les domaines culturels, la France attire l'attention du
monde entier. Pour que la France reste un des pays les plus riches en
culture, c'est l'Etat qui assume un rôle important.

　　Afin de promouvoir les activités des artistes, la France a un système
particulier : c'est le statut d'intermittent du spectacle. La vie des artistes
n'est pas facile. Car ils ont des périodes de chômage. Ils peuvent donc
recevoir une aide financière sous certaines conditions. (L'artiste doit
justifier de 507 heures de travail au minimum pour 12 mois.) Grâce à
cela, ils se concentrent sur leurs activités créatives.

bizarre 形 奇妙な，変な

domaine 男 分野
attirer 魅了する
État 男 国家
assumer
（責任・任務など）を引き
受ける
rôle 男 役割
afin de... …のために
promouvoir
(p.p. promu)
促進する
statut 男 身分
intermittent(e) du
spectacle
名 非常勤芸術労働者
période 女 期間
chômage 男 失業
aide financière 女
経済的支援
sous certaines
conditions
ある一定の条件の下で
justifier
根拠・正当性を証明する
au minimum
少なくとも
se concentrer sur ...
…に専念する

Activité 5 Écoutez la suite de la lecture et répondez aux questions.
文章の続きを聞き、質問に答えなさい。

1. Quand est-ce que le ministère de la Culture a été créé ?
2. Combien de personnes visitent par jour le centre Georges Pompidou ?
3. La fête de la Musique, c'est le combien ?
4. Pendant la fête du Cinéma en 2022, le tarif est de combien ?
5. Les dépenses culturelles par habitant en France sont de combien ? Et au Japon ?

Activité 6 Pour finir l'apprentissage avec ce manuel, choisissez deux sujets proposés et faites un exposé dans la classe. (5 phrases au minimum) この教科書でのフランス語学習の終わりに，2つのテーマを選んで，みんなの前で話しましょう（5文以上で）。

1 人生において大事な3つのこと
A votre avis, quelles sont les trois choses importantes dans la vie ?

2 小さい頃の思い出
Racontez votre souvenir d'enfance.

3 ヴァカンスの思い出
Racontez votre souvenir de vacances.

4 海外滞在の経験
Vous êtes déjà allé (e) à l'étranger ? Racontez ce que vous avez appris pendant votre séjour.

5 将来の夢
Quels sont vos rêves ?

6 モード
Pour vous, la mode est importante ? Pourquoi ?

7 エコロジー
Faites-vous un (des) geste (s) écologique (s) ?

8 原子力発電
Etes-vous pour ou contre l'énergie nucléaire ? Pourquoi ?

9 料理
Présentez une recette de votre plat préféré.

10 健康
Qu'est-ce que vous faites pour être en bonne santé ?

ministère 男 省
mission 女 使命
démocratisation 女
民主化
gens 男 （複）人々
facilement 副 簡単に
accéder à...
…に接近する，…を入手する
en moyenne 平均して
visiteur(se) 名 訪問者
partout 副
いたるところで
spectateur(trice) 名
観客
tarif réduit 割引料金
mener 導く，先導する
subvention 女 助成金
subventions publiques
公的補助金
dépense 女
出費，支出
habitant(e) 名
住民，住人

apprentissage 男 学習
sujet 男 テーマ
souvenir 男 思い出

接続法

接続法は，語り手の主観が抱いた想念や感情を表現するさい，従属節のなかで用いられる。

❶ 接続法現在

chanter		finir		avoir		être	
je chante	nous chantions	je finisse	nous finissions	j' aie	nous ayons	je sois	nous soyons
tu chantes	vous chantiez	tu finisses	vous finissiez	tu aies	vous ayez	tu sois	vous soyez
il chante	ils chantent	il finisse	ils finissent	il ait	ils aient	il soit	ils soient

語尾は avoir, être（例外）を除き，共通。-e, -es, -e, -ions, -iez, -ent

語幹は直説法現在 3 人称複数と同じ場合が多い。nous, vous の活用では語幹が変わり，直説法半過去と同形になるものがある。

特殊な語幹をとる動詞

faire : que je fasse …　　pouvoir : que je puisse …　　savoir : que je sache …
aller : que j'aille …　　vouloir : que je veuille …　　valoir : que je vaille …

❷ 接続法過去　助動詞（avoir / être）の接続法現在＋過去分詞

助動詞が être の場合，過去分詞は複合過去と同様に，主語の性数に一致する。

chanter : que j'aie chanté　　rentrer : que je sois rentré(e)

❸ 用法（p. 55 参照）

1. 主節が意志，願望，感情，疑念，懸念，命令などを表すとき，従属節のなかで用いる。
（vouloir, souhaiter, aimer, avoir peur, regretter, être content, être heureux, douter… など）
Je veux que vous finissiez ce travail avant jeudi.　　木曜までにその仕事を終えてほしい。
Nous sommes heureux que vous nous compreniez.　　私たちのことを理解してくださってうれしいです。

2. 語り手の意志，判断などを表す非人称構文で用いる。
（il faut que, il vaut mieux que, il est nécessaire que, il est regrettable que …など）
Il faut que tu partes tout de suite.　　君はすぐに出発しなければならない。
Il est nécessaire que vous écriviez une lettre.　　あなたは手紙を書く必要がある。

3. 意見，判断などを示す主節の動詞（penser, croire …）が否定形あるいは疑問形で，従属節において不確実な内容を述べるとき用いる。
Je **ne pense pas** qu'il soit intelligent.　　彼が賢いとは思わない。
Croyez-vous qu'il dise la vérité ?　　彼が本当のことを言っていると思いますか？

4. 時，目的，条件，譲歩，否定などを示す接続詞（句）に導かれる従属節のなかで用いる。
（avant que, jusqu'à ce que, pour que, afin que, pourvu que, bien que, sans que …）
Parlez plus lentement **afin que** je puisse vous comprendre.
私が理解できるようにもっとゆっくりしゃべってください。
Bien que tu aies la grippe, tu es sortie.　　君は風邪をひいているにもかかわらず，出かけた。

5. 先行詞に最上級およびそれに類する表現が含まれているとき，関係節で用いる。
C'est **le meilleur** livre que j'aie lu jusqu'à présent.　　これはいままで読んだなかで一番いい本だ。
Il est **le seul** homme qui puisse me comprendre.　　彼は私を理解してくれる唯一の人だ。

§1 直説法前未来　　助動詞（avoir /être）の単純未来形＋過去分詞

未来のある時点にすでに完了している出来事を表す。（＝㊎未来完了）

Elle **sera partie** pour Paris au mois de septembre.　　彼女は 9 月にはパリに出発しているだろう。

Quand j'**aurai fini** ce travail, je regarderai un match de football.

　この仕事を終えたら，サッカーの試合を見よう。

§2 分詞の形容詞的用法

現在分詞→〜している　　　　過去分詞→〜された

注：現在分詞は名詞の性・数に一致しないが，過去分詞は一致する。

Mon oncle possède une villa **donnant** sur la mer.　　おじは海に面した別荘を持っている。

Il regarde le chat **jouant** avec la balle.　　彼はボールで遊んでいる猫を見ている。

J'ai fait les devoirs **donnés** par mon professeur.　　先生に与えられた宿題をやった。

§3 分詞構文

主節の主語と同格で分詞節を作り，「時」，「理由」，「条件」などを表す。

分詞構文は副詞節に書き換えることができる。（＝㊎分詞構文）

一般に分詞構文は書き言葉で用いられ，話し言葉ではジェロンディフが用いられる。

（→ p.30 ジェロンディフ参照）

Etant très fatigué, il s'est couché tôt.　　彼はとても疲れていたので早く寝た。

（ = Comme il était très fatigué, …）

Travaillant sérieusement, vous réussirez cet examen.

　真面目に勉強したら，その試験には合格するだろう。

（ = Si vous travaillez sérieusement, …）

Ayant trop bu, il a mal à la tête.　　彼は飲みすぎたので，頭が痛い。

（ = Parce qu'il a trop bu.）

注：分詞構文では時間のズレを表現するさい，複合形を用いるが，ジェロンディフには複合形はない。

Une fois (**étant**) **sorti**, il ne revient que tard.　　彼はいったん出かけると，きまって帰りが遅い。

（ = Une fois qu'il est sorti, …）

注：étant は省かれることが多い。

§4 絶対分詞構文

分詞の主語が主節の主語と異なる場合

　Le beau temps **revenant**, nous pourrions jouer dehors.

　（ = Comme le beau temps revient, …）

天気が良くなってきたので外で遊べるよ。

§5 複合関係代名詞

先行詞が関係節の間接目的補語や状況補語として用いられる場合の関係代名詞。

1. 前置詞＋qui：先行詞は人

C'est un ami **avec qui** je travaille. 　　こちらは私がいっしょに働いている友人です。

Ta femme connait la dame **à qui** tu téléphones tous les soirs ?

君の奥さんは君が毎晩電話している女性を知っているの？

2. 前置詞＋lequel, laquelle, lesquels, lesquelles：先行詞は一般に物

Voici la lettre **dans laquelle** j'ai trouvé beaucoup de fautes.

これは私が多くの間違いを見つけた手紙です。

Je ne comprends pas la raison **pour laquelle** elle n'a pas répondu.

私には彼女が返事をしない理由がわからない。

前置詞が de や à の場合，前置詞と定冠詞の縮約形と同じように形が変わる。

	de+lequel, ...		à+lequel, ...	
	単数	複数	単数	複数
男性	duquel	desquels	auquel	auxquels
女性	de laquelle	desquelles	à laquelle	auxquelles

Prenez le chemin à l'angle **duquel** se trouve une église. 　　教会の角の道を進んでください。

C'est un voyage **auquel** je pense toujours. 　　それは私がいつも考えている旅です。

3. 前置詞＋quoi：先行詞は ce, rien, quelque chose や前文の内容（先行詞はしばしば省略される）

Mon ami a compris tout de suite (ce) **à quoi** je pensais.

私の友人は私が考えていることをすぐに理解した。

§6 話法

1. 時制の一致

主節の動詞の時制が過去のとき，間接話法での従属節の時制は次のように変化する。

① 《現在》　　　→過去における現在　　⇒半過去

② 《複合過去》　→過去における過去　　⇒大過去

③ 《単純未来》　→過去における未来　　⇒条件法現在

④ 《前未来》　　→過去における前未来　⇒条件法過去

　　注：半過去は変化しない。《半過去》　　⇒半過去

1. Il a dit : « Je suis malade. » 　　⇒ Il a dit qu'il était malade.

2. Il m'a dit : « J'ai fini mes devoirs. » 　　⇒ Il m'a dit qu'il avait fini ses devoirs.

3. Il m'a annoncé : « Je viendrai. » 　　⇒ Il m'a annoncé qu'il viendrait.

4. Il m'a dit : « J'aurai fini mon travail avant midi. »

　　　　　　　　　　　⇒ Il m'a dit qu'il aurait fini son travail avant midi.

2. 《疑問文 ?》の場合

① Oui, Non で答える疑問文は si を用いる。

Il m'a demandé : « Tu es heureuse ? » ⇒ Il m'a demandé **si** j'étais heureuse.

② « Qu'est ce qui … ? » : Qu'est-ce qui は ce qui を用いる。

Il m'a demandé : « Qu'est-ce qui s'est passé ? » ⇒ Il m'a demandé **ce qui** s'était passé.

③ « Qu'est-ce que … ? » : Qu'est-ce que は ce que を用いる。

Il m'a demandé : « Qu'est-ce que tu cherches ? » ⇒ Il m'a demandé **ce que** je cherchais.

④ « その他の疑問詞 … ? » : その他の疑問詞のある文はそのまま疑問詞を用いる。

Il m'a demandé : « Quand êtes-vous arrivé ? » ⇒ Il m'a demandé **quand** j'étais arrivé.

3. 《命令文》の場合

不定法を用いる。Il m'a dit : « Attendez. » ⇒ Il m'a dit **d'attendre**.

4. 直接話法を間接話法にするときの注意

①人称代名詞，指示形容詞，所有形容詞，副詞などの変化に注意する。

②場所や時を示す副詞には特に注意する。

ici	⇒ là	ce matin	⇒ le matin
ce soir	⇒ le soir	hier	⇒ la veille
aujourd'hui	⇒ ce jour-là	demain	⇒ le lendemain
maintenant	⇒ à ce moment-là	dans une heure	⇒ une heure plus tard
la semaine prochaine	⇒ la semaine suivante		
dimanche dernier	⇒ le dimanche précédent		

§7 所有代名詞

所有代名詞は定冠詞とともに用い被所有物の性・数に応じて変化する。

		男性・単数	女性・単数	男性・複数	女性・複数
je	(＝英 *mine*)	le mien	la mienne	les miens	les miennes
tu	(＝英 *yours*)	le tien	la tienne	les tiens	les tiennes
il	(＝英 *his*) ⎫	le sien	la sienne	les siens	les siennes
elle	(＝英 *hers*) ⎭				
nous	(＝英 *ours*)	le nôtre	la nôtre	les nôtres	
vous	(＝英 *yours*)	le vôtre	la vôtre	les vôtres	
ils/elles	(＝英 *theirs*)	le leur	la leur	les leurs	

C'est à qui ce joli parapluie?　C'est **le mien**.　　このきれいな傘はだれのもの？　私のです。

単語集

A

abonnement	男	（定期的な使用）契約	33
absent(e)	形	不在の，欠席の	54
accéder à...	動	…に接近する，…を入手する	59
accepter	他	受け取る，認める	11
accident	男	事故	34
accompagner	他	同行する，添えられる	39
accueil	男	もてなし，受付	29
		famille d'accueil	
		ホストファミリー	
actif(ve)	形	活発な，稼働している	34
activité	女	活動	53
actuel(le)	形	現在の，今日的な	53
addition	女	勘定	5
admirer	他	賞賛する	47
adresser (s'~ à ...)	代動	…に問い合わせる	41
affranchissement	男	切手の貼り付け	28
afin de...		…のために	58
agence	女	代理店	50
aide	女	援助	58
		aide financière　経済的支援	
aider	他	助ける，手伝う	5
ailleurs	副	他の場所へ	46
		d'ailleurs　それに	46
alcool	男	アルコール	3
		alcool de prune　梅酒	
aller bien		よく似合う	3
allergie	女	アレルギー	13
aller-retour	男	[不変] 往復切符	8
aller-simple	男	[不変] 片道切符	8
allonger (s'~)	代動	寝そべる	23
Alsace	女	アルザス地方	2
améliorer	他	改良する，進歩させる	29
amende	女	罰金	11
amuser (s'~ de ...)	代動	…を楽しむ	46
ancien(ne)	形	古くからある，古い	32
animateur(trice)	名	娯楽番組の司会者	38
animé(e)	形	活発な，にぎやかな	32
année	女	年，年度	41
		d'année en année　年々	
anorak	男	アノラック	39
appareil	男	器具	35
		appareil électroménager	

男　家庭電化製品

appartement	男	マンション	32
apercevoir (s'~ de ...)	代動	…に気づく	55
application	女	応用，アプリ	57
apporter	他	持ってくる	5
apprendre	他	学ぶ，習う	27
apprentissage	男	学習	59
approcher	自	近づく	52
appuyer	他	押す，支持する	8
après ...	前	…の後で	15
architecte	名	建築家	50
architecture	女	建築(学)	50
arrêter	他	やめる	14
arrondissement	男	区	32
article	男	記事	34
aspirine	女	アスピリン	13
assez de ...	副	十分な〜	14
assister à ...	自	…に参加する	17
assumer	他	（責任・任務などを）引き受ける	58
attendre	他	待つ	5
attention	女	注意	11
		faire attention à ...	
		…に注意する	
attirer	他	魅了する	58
baisser	自他	低くなる，低くする	53
attraction	女	アトラクション	19
		parc d'attractions　遊園地	
attraper	他	捕まえる，（病気に）かかる	13
		attraper un rhume　風邪をひく	
augmenter	自	増える	41
auprès	前	そばに，間で	41
autour	副	周辺に	10
		autour de ...　…の周辺に	
autre	名 形	別の（人・物），他の（人・物）	10
		d'autres 代 （複）他の人，もの	
autrement	副	別の方法で	51
avant	前	〜より前に	9
avance	女	前進	29
		d'avance　前もって	
avantage	男	利点，有利	41
avenir	男	未来，将来	12
avenue	女	大通り	26

produit	男	製品	50
professionnel(le)	形	職業上の	53
promouvoir (p.p. promu)		促進する	58
pronom	男	代名詞	49
		pronom relatif　関係代名詞	
proposer	他	提供する，勧める	2
protection	女	保護	47
Provence	女	プロヴァンス地方	2

Q

qualité	女	質，長所，身分	50
question	女	質問	39
quiche lorraine	女	ロレーヌ風キッシュ	1
quitter	他	去る，〜を離れる	55
quiz	男	クイズ	38
quoi	疑代	何	2
quotidien(ne)	形	日常の	37

R

raconter	他	〜を語る	21
rafting	男	ラフティング	19
raison	女	理由，原因	52
		avoir raison	
		〜の言うとおり，ごもっとも	
ramassage	男	回収，収集	35
ramasser	他	拾う	23
randonnée	女	ハイキング，遠出	19
rapide	形	速い	33
ratatouille	女	ラタトゥイユ	39
réacteur (nucléaire)	男	原子炉	34
réaliser	他	実現する	49
réceptionniste	名	ホテルのフロント係	10
recette	女	レシピ	47
recevoir	他	受け取る	51
recomposé(e)	形	再編成した	37
recycler	他	再利用する	35
réfléchir à ...	自	…についてよく考える	46
refuser	他	〜を断る	57
		refuser de + inf.	
	他	〜することを拒む	
région	女	地域，地方	47
regrettable	形	残念な	60
regretter	他	後悔する	55
régulièrement	副	規則正しく，定期的に	14
remarier (se 〜)	代動	再婚する	40
remboursement	男	払い戻し	56
remercier	他	礼を言う，(pour) 〜に感謝する	29
remporter	他	勝ち取る，(持ってきたものを)	
		持ち帰る	38
rendez-vous	男	会う約束	51
		avoir rendez-vous avec ...	
		…と会う約束がある	

renseignement	男	情報	29
repas	男	食事	15
réponse	女	返事	49
représenter	他	表す，〜に相当する	41
République	女	(大文字で) 共和国	38
RER (= Réseau express régional)		首都圏高速鉄道網	32
réservation	女	予約	10
réserver	他	予約する	23
respecter	他	尊重する，守る	35
résistance	女	耐久	28
restaurateur(trice)	名	レストラン経営者	50
retard	男	遅れ，遅刻	23
		en retard　遅れている，遅刻している	
retirer	他	引き出す	23
retourner	自	戻る	23
réussir	他	成功する	23
rêve	男	夢	49
réveiller (se 〜)	代動	目覚める	23
rêver de ...	自	…を夢見る	47
réviser	他	見直す，復習する	5
rhume	男	風邪	13
riche	形	金持ちの	49
rôle	男	役割	58

S

sable	男	砂	23
sain(e)	形	健康によい	17
salé(e)	形	塩辛い	2
salle	女	(用途の定められた共同の) 部屋	10
		salle de bains　浴室	
salon	男	応接室	32
sandale	女	サンダル	45
sans ...	前	…のない	32
santé	女	健康	13
saucisse	女	ソーセージ	39
scolaire	形	学校の	22
séjour	男	滞在，居間	29
sélectif(ve)	形	選択の	35
semoule	女	セモリナ	39
		(デュラム小麦の胚乳の粗い粒)	
sentiment	男	感情	55
sentir (se 〜)	代動	自分が〜だと感じる	13
serveur(se)	名	給仕係	2
service	男	部，課	29
		奉仕，サービス	58
servir (se 〜 de ...)	代動	…を使う，利用する	57
seul(e)	形	唯一の	60
seulement	副	〜だけ	11
sévèrement	副	厳しく	34
sexe	男	性，性別	41
signature	女	署名	29
sinon	接	そうでなければ	11

sirop	男	シロップ	13
site	男	景色，（インターネットの）	47
		サイト，催しを行っている場所	
situation	女	状況	52
situé(e) ...	形	…に位置する	32
SNCF	略	フランス国有鉄道	8
		(= Société nationale des	
		chemins de fer français)	
société	女	社会	53
soigner (se ~)	代動	養生する	15
soirée	女	夜のパーティー	5
solaire	形	太陽の，太陽光線（熱）の	35
sonner	自	ベルを鳴らす	20
sonnerie	女	（ベル・電話などが）鳴る音	20
souhaiter	他	望む	53
souriant(e)	形	にこやかな	51
sous	前	…の下に	23
souvenir (se ~ de)	代動	～を覚えている，思い出す	18
	男	思い出	59
spacieux(se)	形	広々とした	32
spécial(ale)	形	（男複 aux）特別の	38
spécialité	女	特産品	2
spectateur(trice)	名	観客	59
stage	男	研修，実習	52
stationnement	男	駐車	33
statut	男	身分	58
stressé(e)	形	ストレスを感じている	17
subvention	女	助成金	59
		subventions publiques	
		公的補助金	
succession	女	相続	41
sucré(e)	形	甘い	2
sujet	女	テーマ	59
super	形	［不変］最高の，すばらしい	17
sûr(e)	形	確信している，信頼している	53
		être sûr(e) de ...	
		…を確信している，信頼している	
surf	男	サーフィン	19
surnommé(e)...	形	～というあだ名の	38
		surnommer あだ名をつける	
surpris(e)	形	驚かされた	55

T

tableau	男	（複 x）掲示板	9
taille	女	服のサイズ	45
talon	男	かかと	44
tarif	男	料金	27
		tarif réduit 割引料金	59
télécharger	他	ダウンロードする	57
tendu(e)	形	緊張した	5
TER (= Transport express régional) 地域圏高速交通			9
terminer	他	～をやり終える	52

terrible	形	恐ろしい	21
terriblement	副	ひどく	57
tête	女	頭	13
TGV (= train à grande vitesse) 男		フランス新幹線	8
thermal(e)	形	（男複 aux）温泉の	19
		station thermale 温泉地	
timbre	男	切手	25
		pré-timbré 切手を貼った	
tourisme	男	観光	50
tournoi	男	トーナメント	38
tout le temps		いつも	21
toux	女	咳	13
traditionnel(le)	形	伝統的な，従来の	37
transport	男	交通機関	7
transporter	他	運ぶ	40
tremblement de terre	男	地震	40
tri	男	選別	35
tribunal	男	（複）tribunaux 裁判所	41
		tribunal d'instance 小審議裁判所	
		（日本の簡易裁判所にあたる）	
trier	他	選別（区別）する	31
tripes	女	（複数で）トリップ	1
		（牛の胃を使った料理）	
triste	形	悲しい	55
tromper (se~ de)	代動	間違える	55
trop	副	あまりに，過度に	23
type	男	タイプ，種類	50

U

union	女	結びつき，団結	41
		Union européenne 欧州連合	53
uniquement	副	もっぱら，ただ，単に	41
utiliser	他	使う	14
uranium	男	ウラン	35

V

valeur	女	価値	29
valider	他	有効にする	11
vendeur(se)	名	店員，売り手	35
vendre	他	～を売る	18
		se vendre 売れる	
ventre	男	腹	13
verbe	男	動詞	49
vérifier	他	確かめる	5
vérité	女	真実	60
vie	女	物価，生活，人生	32
village	男	村	23
visiteur(se)	名	訪問者	59
voie	女	（駅の）～番線	9
		en voie de ... …の途中にある	47
voisin(e)	名形	隣の（人）	49
voiture	女	車両，車	9

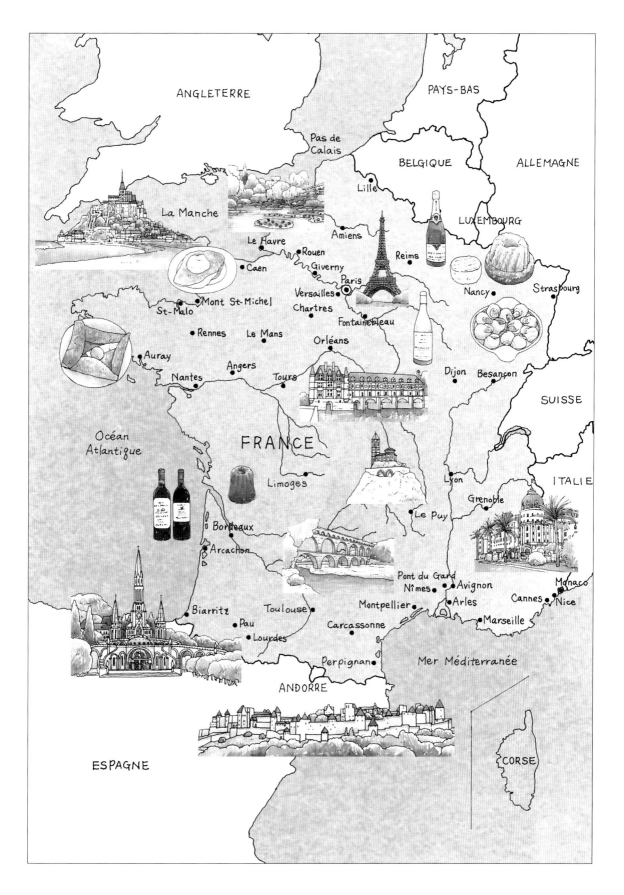

ANGLETERRE

PAYS-BAS

Pas de Calais

BELGIQUE

ALLEMAGNE

Lille

LUXEMBOURG

Amiens

Reims

La Manche

Le Havre

Rouen

Giverny

Paris

Nancy

Strasbourg

Caen

Versailles

Chartres

St-Malo

Mont St-Michel

Rennes

Le Mans

Fontainebleau

Orléans

Auray

Angers

Dijon

Besançon

Nantes

Tours

SUISSE

Océan Atlantique

FRANCE

Limoges

ITALIE

Lyon

Grenoble

Bordeaux

Le Puy

Arcachon

Pont du Gard

Nîmes

Avignon

Monaco

Biarritz

Toulouse

Montpellier

Arles

Cannes

Nice

Pau

Carcassonne

Marseille

Lourdes

Perpignan

Mer Méditerranée

ANDORRE

CORSE

ESPAGNE

動詞活用表

不定詞 現在分詞 過去分詞	直　説　法			条　件　法	接　続　法
	現　在	半過去	単純未来	現　在	現　在
1. **acheter** 買う achetant acheté	j' achète tu achètes il achète n. achetons v. achetez ils achètent	j' achetais tu achetais il achetait n. achetions v. achetiez ils achetaient	j' achèterai tu achèteras il achètera n. achèterons v. achèterez ils achèteront	j' achèterais tu achèterais il achèterait n. achèterions v. achèteriez ils achèteraient	j' achète tu achètes il achète n. achetions v. achetiez ils achètent
2. **aimer** 愛する aimant aimé	j' aime tu aimes il aime n. aimons v. aimez ils aiment	j' aimais tu aimais il aimait n. aimions v. aimiez ils aimaient	j' aimerai tu aimeras il aimera n. aimerons v. aimerez ils aimeront	j' aimerais tu aimerais il aimerait n. aimerions v. aimeriez ils aimeraient	j' aime tu aimes il aime n. aimions v. aimiez ils aiment
3. **aller** 行く allant allé	je vais tu vas il va n. allons v. allez ils vont	j' allais tu allais il allait n. allions v. alliez ils allaient	j' irai tu iras il ira n. irons v. irez ils iront	j' irais tu irais il irait n. irions v. iriez ils iraient	j' aille tu ailles il aille n. allions v. alliez ils aillent
4. **appeler** 呼ぶ appelant appelé	j' appelle tu appelles il appelle n. appelons v. appelez ils appellent	j' appelais tu appelais il appelait n. appelions v. appeliez ils appelaient	j' appellerai tu appelleras il appellera n. appellerons v. appellerez ils appelleront	j' appellerais tu appellerais il appellerait n. appellerions v. appelleriez ils appelleraient	j' appelle tu appelles il appelle n. appelions v. appeliez ils appellent
5. **asseoir** 座らせる asseyant assis	j' assieds tu assieds il assied n. asseyons v. asseyez ils asseyent	j' asseyais tu asseyais il asseyait n. asseyions v. asseyiez ils asseyaient	j' assiérai tu assiéras il assiéra n. assiérons v. assiérez ils assiéront	j' assiérais tu assiérais il assiérait n. assiérions v. assiériez ils assiéraient	j' asseye tu asseyes il asseye n. asseyions v. asseyiez ils asseyent
	j' assois tu assois il assoit n. assoyons v. assoyez ils assoient	j' assoyais tu assoyais il assoyait n. assoyions v. assoyiez ils assoyaient	j' assoirai tu assoiras il assoira n. assoirons v. assoirez ils assoiront	j' assoirais tu assoirais il assoirait n. assoirions v. assoiriez ils assoiraient	j' assoie tu assoies il assoie n. assoyions v. assoyiez ils assoient
6. **avoir** 持っている ayant eu	j' ai tu as il a n. avons v. avez ils ont	j' avais tu avais il avait n. avions v. aviez ils avaient	j' aurai tu auras il aura n. aurons v. aurez ils auront	j' aurais tu aurais il aurait n. aurions v. auriez ils auraient	j' aie tu aies il ait n. ayons v. ayez ils aient
7. **battre** 打つ battant battu	je bats tu bats il bat n. battons v. battez ils battent	je battais tu battais ils battait n. battions v. battiez ils battaient	je battrai tu battras il battra n. battrons v. battrez ils battront	je battrais tu battrais il battrait n. battrions v. battriez ils battraient	je batte tu battes il batte n. battions v. battiez ils battent
8. **boire** 飲む buvant bu	je bois tu bois il boit n. buvons v. buvez ils boivent	je buvais tu buvais il buvait n. buvions v. buviez ils buvaient	je boirai tu boiras il boira n. boirons v. boirez ils boiront	je boirais tu boirais il boirait n. boirions v. boiriez ils boiraient	je boive tu boives il boive n. buvions v. buviez ils boivent

不定詞 現在分詞 過去分詞	直　説　法			条　件　法	接　続　法
	現　在	半過去	単純未来	現　在	現　在
9. **conduire** 運転する conduisant conduit	je conduis tu conduis il conduit n. conduisons v. conduisez ils conduisent	je conduisais tu conduisais il conduisait n. conduisions v. conduisiez ils conduisaient	je conduirai tu conduiras il conduira n. conduirons v. conduirez ils conduiront	je conduirais tu conduirais il conduirait n. conduirions v. conduiriez ils conduiraient	je conduise tu conduises il conduise n. conduisions v. conduisiez ils conduisent
10. **connaître** 知っている connaissant connu	je connais tu connais il connaît n. connaissons v. connaissez ils connaissent	je connaissais tu connaissais il connaissait n. connaissions v. connaissiez ils connaissaient	je connaîtrai tu connaîtras il connaîtra n. connaîtrons v. connaîtrez ils connaîtront	je connaîtrais tu connaîtrais il connaîtrait n. connaîtrions v. connaîtriez ils connaîtraient	je connaisse tu connaisses il connaisse n. connaissions v. connaissiez ils connaissent
11. **courir** 走る courant couru	je cours tu cours il court n. courons v. courez ils courent	je courais tu courais il courait n. courions v. couriez ils couraient	je courrai tu courras il courra n. courrons v. courrez ils courront	je courrais tu courrais il courrait n. courrions v. courriez ils courraient	je coure tu coures il coure n. courions v. couriez ils courent
12. **craindre** おそれる craignant craint	je crains tu crains il craint n. craignons v. craignez ils craignent	je craignais tu craignais il craignait n. craignions v. craigniez ils craignaient	je craindrai tu craindras il craindra n. craindrons v. craindrez ils craindront	je craindrais tu craindrais il craindrait n. craindrions v. craindriez ils craindraient	je craigne tu craignes il craigne n. craignions v. craigniez ils craignent
13. **croire** 信じる croyant cru	je crois tu crois il croit n. croyons v. croyez ils croient	je croyais tu croyais il croyait n. croyions v. croyiez ils croyaient	je croirai tu croiras il croira n. croirons v. croirez ils croiront	je croirais tu croirais il croirait n. croirions v. croiriez ils croiraient	je croie tu croies il croie n. croyions v. croyiez ils croient
14. **devoir** …しなければならない devant dû	je dois tu dois il doit n. devons v. devez ils doivent	je devais tu devais il devait n. devions v. deviez ils devaient	je devrai tu devras il devra n. devrons v. devrez ils devront	je devrais tu devrais il devrait n. devrions v. devriez ils devraient	je doive tu doives il doive n. devions v. deviez ils doivent
15. **dire** 言う disant dit	je dis tu dis il dit n. disons v. dites ils disent	je disais tu disais il disait n. disions v. disiez ils disaient	je dirai tu diras il dira n. dirons v. direz ils diront	je dirais tu dirais il dirait n. dirions v. diriez ils diraient	je dise tu dises il dise n. disions v. disiez ils disent
16. **écrire** 書く écrivant écrit	j' écris tu écris il écrit n. écrivons v. écrivez ils écrivent	j' écrivais tu écrivais il écrivait n. écrivions v. écriviez ils écrivaient	j' écrirai tu écriras il écrira n. écrirons v. écrirez ils écriront	j' écrirais tu écrirais il écrirait n. écririons v. écririez ils écriraient	j' écrive tu écrives il écrive n. écrivions v. écriviez ils écrivent
17. **employer** 使う，雇う employant employé	j' emploie tu emploies il emploie n. employons v. employez ils emploient	j' employais tu employais il employait n. employions v. employiez ils employaient	j' emploierai tu emploieras il emploiera n. emploierons v. emploierez ils emploieront	j' emploierais tu emploierais il emploierait n. emploierions v. emploieriez ils emploieraient	j' emploie tu emploies il emploie n. employions v. employiez ils emploient

不定詞 現在分詞 過去分詞	直　説　法			条　件　法	接　続　法
	現　在	半過去	単純未来	現　在	現　在
18. **envoyer** 送る envoyant envoyé	j' envoie tu envoies il envoie n. envoyons v. envoyez ils envoient	j' envoyais tu envoyais il envoyait n. envoyions v. envoyiez ils envoyaient	j' enverrai tu enverras il enverra n. enverrons v. enverrez ils enverront	j' enverrais tu enverrais il enverrait n. enverrions v. enverriez ils enverraient	j' envoie tu envoies il envoie n. envoyions v. envoyiez ils envoient
19. **être** …である étant été	je suis tu es il est n. sommes v. êtes ils sont	j' étais tu étais il était n. étions v. étiez ils étaient	je serai tu seras il sera n. serons v. serez ils seront	je serais tu serais il serait n. serions v. seriez ils seraient	je sois tu sois il soit n. soyons v. soyez ils soient
20. **faire** 作る faisant fait	je fais tu fais il fait n. faisons v. faites ils font	je faisais tu faisais il faisait n. faisions v. faisiez ils faisaient	je ferai tu feras il fera n. ferons v. ferez ils feront	je ferais tu ferais il ferait n. ferions v. feriez ils feraient	je fasse tu fasses il fasse n. fassions v. fassiez ils fassent
21. **falloir** 必要である - fallu	il faut	il fallait	il faudra	il faudrait	il faille
22. **finir** 終える finissant fini	je finis tu finis il finit n. finissons v. finissez ils finissent	je finissais tu finissais il finissait n. finissions v. finissiez ils finissaient	je finirai tu finiras il finira n. finirons v. finirez ils finiront	je finirais tu finirais il finirait n. finirions v. finiriez ils finiraient	je finisse tu finisses il finisse n. finissions v. finissiez ils finissent
23. **fuir** 逃げる fuyant fui	je fuis tu fuis il fuit n. fuyons v. fuyez ils fuient	je fuyais tu fuyais il fuyait n. fuyions v. fuyiez ils fuyaient	je fuirai tu fuiras il fuira n. fuirons v. fuirez ils fuiront	je fuirais tu fuirais il fuirait n. fuirions v. fuiriez ils fuiraient	je fuie tu fuies il fuie n. fuyions v. fuyiez ils fuient
24. **lire** 読む lisant lu	je lis tu lis il lit n. lisons v. lisez ils lisent	je lisais tu lisais il lisait n. lisions v. lisiez ils lisaient	je lirai tu liras il lira n. lirons v. lirez ils liront	je lirais tu lirais il lirait n. lirions v. liriez ils liraient	je lise tu lises il lise n. lisions v. lisiez ils lisent
25. **manger** 食べる mangeant mangé	je mange tu manges il mange n. mangeons v. mangez ils mangent	je mangeais tu mangeais il mangeait n. mangions v. mangiez ils mangeaient	je mangerai tu mangeras il mangera n. mangerons v. mangerez ils mangeront	je mangerais tu mangerais il mangerait n. mangerions v. mangeriez ils mangeraient	je mange tu manges il mange n. mangions v. mangiez ils mangent
26. **mettre** 置く mettant mis	je mets tu mets il met n. mettons v. mettez ils mettent	je mettais tu mettais il mettait n. mettions v. mettiez ils mettaient	je mettrai tu mettras il mettra n. mettrons v. mettrez ils mettront	je mettrais tu mettrais il mettrait n. mettrions v. mettriez ils mettraient	je mette tu mettes il mette n. mettions v. mettiez ils mettent

不定詞 現在分詞 過去分詞	直　　説　　法			条　件　法	接　続　法
	現　在	半過去	単純未来	現　在	現　在
27. **mourir** 死ぬ mourant mort	je meurs tu meurs il meurt n. mourons v. mourez ils meurent	je mourais tu mourais il mourait n. mourions v. mouriez ils mouraient	je mourrai tu mourras il mourra n. mourrons v. mourrez ils mourront	je mourrais tu mourrais il mourrait n. mourrions v. mourriez ils mourraient	je meure tu meures il meure n. mourions v. mouriez ils meurent
28. **naître** 生まれる naissant né	je nais tu nais il naît n. naissons v. naissez ils naissent	je naissais tu naissais il naissait n. naissions v. naissiez ils naissaient	je naîtrai tu naîtras il naîtra n. naîtrons v. naîtrez ils naîtront	je naîtrais tu naîtrais il naîtrait n. naîtrions v. naîtriez ils naîtraient	je naisse tu naisses il naisse n. naissions v. naissiez ils naissent
29. **ouvrir** 開ける ouvrant ouvert	j' ouvre tu ouvres il ouvre n. ouvrons v. ouvrez ils ouvrent	j' ouvrais tu ouvrais il ouvrait n. ouvrions v. ouvriez ils ouvraient	j' ouvrirai tu ouvriras il ouvrira n. ouvrirons v. ouvrirez ils ouvriront	j' ouvrirais tu ouvrirais il ouvrirait n. ouvririons v. ouvririez ils ouvriraient	j' ouvre tu ouvres il ouvre n. ouvrions v. ouvriez ils ouvrent
30. **partir** 出発する partant parti	je pars tu pars il part n. partons v. partez ils partent	je partais tu partais il partait n. partions v. partiez ils partaient	je partirai tu partiras il partira n. partirons v. partirez ils partiront	je partirais tu partirais il partirait n. partirions v. partiriez ils partiraient	je parte tu partes il parte n. partions v. partiez ils partent
31. **payer** 払う payant payé	je paie tu paies il paie n. payons v. payez ils paient	je payais tu payais il payait n. payions v. payiez ils payaient	je paierai tu paieras il paiera n. paierons v. paierez ils paieront	je paierais tu paierais il paierait n. paierions v. paieriez ils paieraient	je paie tu paies il paie n. payions v. payiez ils paient
32. **placer** 置く plaçant placé	je place tu places il place n. plaçons v. placez ils placent	je plaçais tu plaçais il plaçait n. placions v. placiez ils plaçaient	je placerai tu placeras il placera n. placerons v. placerez ils placeront	je placerais tu placerais il placerait n. placerions v. placeriez ils placeraient	je place tu places il place n. placions v. placiez ils placent
33. **plaire** 気に入る plaisant plu	je plais tu plais il plaît n. plaisons v. plaisez ils plaisent	je plaisais tu plaisais il plaisait n. plaisions v. plaisiez ils plaisaient	je plairai tu plairas il plaira n. plairons v. plairez ils plairont	je plairais tu plairais il plairait n. plairions v. plairiez ils plairaient	je plaise tu plaises il plaise n. plaisions v. plaisiez ils plaisent
34. **pleuvoir** 雨が降る pleuvant plu	il pleut	il pleuvait	il pleuvra	il pleuvrait	il pleuve
35. **pouvoir** …できる pouvant pu	je peux tu peux il peut n. pouvons v. pouvez ils peuvent	je pouvais tu pouvais il pouvait n. pouvions v. pouviez ils pouvaient	je pourrai tu pourras il pourra n. pourrons v. pourrez ils pourront	je pourrais tu pourrais il pourrait n. pourrions v. pourriez ils pourraient	je puisse tu puisses il puisse n. puissions v. puissiez ils puissent

不 定 詞 現在分詞 過去分詞	直 説 法			条 件 法	接 続 法
	現 在	半過去	単純未来	現 在	現 在
36. **préférer** より好む préférant préféré	je préfère tu préfères il préfère n. préférons v. préférez ils préfèrent	je préférais tu préférais il préférait n. préférions v. préfériez ils préféraient	je préférerai tu préféreras il préférera n. préférerons v. préférerez ils préféreront	je préférerais tu préférerais il préférerait n. préférerions v. préféreriez ils préféreraient	je préfère tu préfères il préfère n. préférions v. préfériez ils préfèrent
37. **prendre** 手に取る prenant pris	je prends tu prends il prend n. prenons v. prenez ils prennent	je prenais tu prenais ils prenait n. prenions v. preniez ils prenaient	je prendrai tu prendras il prendra n. prendrons v. prendrez ils prendront	je prendrais tu prendrais il prendrait n. prendrions v. prendriez ils prendraient	je prenne tu prennes il prenne n. prenions v. preniez ils prennent
38. **recevoir** 受け取る recevant reçu	je reçois tu reçois il reçoit n. recevons v. recevez ils reçoivent	je recevais tu recevais il recevait n. recevions v. receviez ils recevaient	je recevrai tu recevras il recevra n. recevrons v. recevrez ils recevront	je recevrais tu recevrais il recevrait n. recevrions v. recevriez ils recevraient	je reçoive tu reçoives il reçoive n. recevions v. receviez ils reçoivent
39. **rendre** 返す rendant rendu	je rends tu rends il rend n. rendons v. rendez ils rendent	je rendais tu rendais il rendait n. rendions v. rendiez ils rendaient	je rendrai tu rendras il rendra n. rendrons v. rendrez ils rendront	je rendrais tu rendrais il rendrait n. rendrions v. rendriez ils rendraient	je rende tu rendes ils rende n. rendions v. rendiez ils rendent
40. **résoudre** 解く résolvant résolu	je résous tu résous il résout n. résolvons v. résolvez ils résolvent	je résolvais tu résolvais il résolvait n. résolvions v. résolviez ils résolvaient	je résoudrai tu résoudras il résoudra n. résoudrons v. résoudrez ils résoudront	je résoudrais tu résoudrais il résoudrait n. résoudrions v. résoudriez ils résoudraient	je résolve tu résolves il résolve n. résolvions v. résolviez ils résolvent
41. **rire** 笑う riant ri	je ris tu ris il rit n. rions v. riez ils rient	je riais tu riais il riait n. riions v. riiez ils riaient	je rirai tu riras il rira n. rirons v. rirez ils riront	je rirais tu rirais il rirait n. ririons v. ririez ils riraient	je rie tu ries il rie n. riions v. riiez ils rient
42. **savoir** 知っている sachant su	je sais tu sais il sait n. savons v. savez ils savent	je savais tu savais il savait n. savions v. saviez ils savaient	je saurai tu sauras il saura n. saurons v. saurez ils sauront	je saurais tu saurais il saurait n. saurions v. sauriez ils sauraient	je sache tu saches il sache n. sachions v. sachiez ils sachent
43. **suffire** 足りる suffisant suffi	je suffis tu suffis il suffit n. suffisons v. suffisez ils suffisent	je suffisais tu suffisais il suffisait n. suffisions v. suffisiez ils suffisaient	je suffirai tu suffiras il suffira n. suffirons v. suffirez ils suffiront	je suffirais tu suffirais il suffirait n. suffirions v. suffiriez ils suffiraient	je suffise tu suffises il suffise n. suffisions v. suffisiez ils suffisent
44. **suivre** ついて行く suivant suivi	je suis tu suis il suit n. suivons v. suivez ils suivent	je suivais tu suivais il suivait n. suivions v. suiviez ils suivaient	je suivrai tu suivras il suivra n. suivrons v. suivrez ils suivront	je suivrais tu suivrais il suivrait n. suivrions v. suivriez ils suivraient	je suive tu suives il suive n. suivions v. suiviez ils suivent

不定詞 現在分詞 過去分詞	直　説　法			条　件　法	接　続　法
	現　在	半過去	単純未来	現　在	現　在
45. **vaincre** 打ち破る vainquant vaincu	je vaincs tu vaincs il vainc n. vainquons v. vainquez ils vainquent	je vainquais tu vainquais il vainquait n. vainquions v. vainquiez ils vainquaient	je vaincrai tu vaincras il vaincra n. vaincrons v. vaincrez ils vaincront	je vaincrais tu vaincrais il vaincrait n. vaincrions v. vaincriez ils vaincraient	je vainque tu vainques il vainque n. vainquions v. vainquiez ils vainquent
46. **valoir** 価値がある valant valu	je vaux tu vaux il vaut n. valons v. valez ils valent	je valais tu valais il valait n. valions v. valiez ils valaient	je vaudrai tu vaudras il vaudra n. vaudrons v. vaudrez ils vaudront	je vaudrais tu vaudrais il vaudrait n. vaudrions v. vaudriez ils vaudraient	je vaille tu vailles il vaille n. valions v. valiez ils vaillent
47. **venir** 来る venant venu	je viens tu viens il vient n. venons v. venez ils viennent	je venais tu venais il venait n. venions v. veniez ils venaient	je viendrai tu viendras il viendra n. viendrons v. viendrez ils viendront	je viendrais tu viendrais il viendrait n. viendrions v. viendriez ils viendraient	je vienne tu viennes il vienne n. venions v. veniez ils viennent
48. **vivre** 生きる vivant vécu	je vis tu vis il vit n. vivons v. vivez ils vivent	je vivais tu vivais il vivait n. vivions v. viviez ils vivaient	je vivrai tu vivras il vivra n. vivrons v. vivrez ils vivront	je vivrais tu vivrais il vivrait n. vivrions v. vivriez ils vivraient	je vive tu vives il vive n. vivions v. viviez ils vivent
49. **voir** 見る voyant vu	je vois tu vois il voit n. voyons v. voyez ils voient	je voyais tu voyais il voyait n. voyions v. voyiez ils voyaient	je verrai tu verras il verra n. verrons v. verrez ils verront	je verrais tu verrais il verrait n. verrions v. verriez ils verraient	je voie tu voies il voie n. voyions v. voyiez ils voient
50. **vouloir** 欲しい voulant voulu	je veux tu veux il veut n. voulons v. voulez ils veulent	je voulais tu voulais il voulait n. voulions v. vouliez ils voulaient	je voudrai tu voudras il voudra n. voudrons v. voudrez ils voudront	je voudrais tu voudrais il voudrait n. voudrions v. voudriez ils voudraient	je veuille tu veuilles il veuille n. voulions v. vouliez ils veuillent

ワークブック付

場面で学ぶフランス語2（三訂版）

2023年2月20日　第1版発行

著　者 ― 高橋　百代（たかはし　ももよ）
　　　　　林　宏和（はやし　ひろかず）
　　　　　Cédric Yahyaoui（セドリック　ヤヤウィ）
　　　　　Brigitte Hori（ブリジット　ホリ）

発行者 ― 前田　俊秀

発行所 ― 株式会社　三修社
　　　　　〒150-0001　東京都渋谷区神宮前2-2-22
　　　　　TEL03-3405-4511／FAX03-3405-4522
　　　　　振替 00190-9-72758
　　　　　https://www.sanshusha.co.jp
　　　　　編集担当　永尾　真理

印刷所 ― 萩原印刷株式会社

Ⓒ2023 Printed in Japan　　　　　ISBN978-4-384-23214-1 C1085

表紙デザイン　　やぶはなあきお
表紙写真　　　　iStockphoto.com/ooyoo
本文イラスト　　九重加奈子
イラスト地図　　一志敦子
写真提供　　　　iStockphoto.com/Nikola93 (P49)
　　　　　　　　Denis Makarenko/Shutterstock.com (P38 Naomi Osaka)
　　　　　　　　Rena Schild/Shutterstock.com (P38 Audrey Tautou)
　　　　　　　　Markau Mark/Shutterstock.com (P25 timbre)

EN SCÈNE II ワークブック
Troisième édition

SANSHUSHA

Leçon 1   Au restaurant　レストランにて

I 日本語に合うように （　　）内に適する語を入れ、文を完成させなさい。
Complétez les phrases à partir des phrases en japonais.

1. La bouillabaisse est une (　　　　　　　) de Provence.
   ブイヤベースはプロヴァンス地方の郷土料理です。

2. ― Ce chapeau, il te (　　　　　　　) très (　　　　　　　).
   その帽子、君にとってもよく似合っているよ。

   ― Merci, il me (　　　　　　　) (　　　　　　　).　　ありがとう。とても気に入ってるんだ。

3. (　　　　　　　) pas des fleurs.　　　　　　　　花でいいんじゃない。

4. Qu'est-ce que tu (　　　　　　) (　　　　　　) ?　どう思う？

5. C'est une (　　　　　　) (　　　　　　).　　　それはいい考えだね。

6. Je n'ai pas d'(　　　　　　).　　　　　　　　お金がありません。

7. Ne t'(　　　　　　) pas.　　　　　　　　　　心配するな。

8. Attendez un (　　　　　　).　　　　　　　　少し待ってください。

9. L'(　　　　　　), s'il vous plaît !　　　　　　お勘定お願いします。

II 次の文を複合過去形にしなさい。次に否定文にしなさい。
Mettez les phrases au passé composé à la forme affirmative puis négative.

A
1. Je (finir) le travail.

   _____　　_____

2. Nous (voir) Philippe.

   _____　　_____

3. Je (faire) la cuisine hier soir.

   _____　　_____

4. Tu (comprendre) la leçon.

   _____　　_____

5. Je (vivre) en France.

_____   _____

6. Elle (être) malade.

_____   _____

7. Il (dire) bonjour à mes parents.

_____   _____

B

1. Ayaka (partir) pour la Chine.

_____   _____

2. Vous (aller) au cinéma ?

_____   _____

3. Tu (rester) à la maison.

_____   _____

4. Ils (arriver) à l'heure.

_____   _____

5. Elles (descendre) du train.

_____   _____

C

1. Je (prendre) un taxi.

_____   _____

2. Elle (manger) du chocolat.

_____   _____

3. Nous (boire) du thé.

_____   _____

4. Vous (faire) une erreur.

_____   _____

5. Nous (sortir) souvent avec lui.

_____ _____

6. Ils (pouvoir) sortir.

_____ _____

Ⅲ 各質問に否定で応答しなさい。　Répondez aux questions à la forme négative.

A

1. Tu as lu le journal ce matin ?　　　Non, _____

2. Tu as déjà voyagé à l'étranger ? (jamaisを入れて)

Non, _____

3. Vous avez déjà pris le petit déjeuner ? (pas encoreを入れて)

Non, _____

4. Elle a fait le ménage ?　　　Non, _____

5. Ils sont allés en France ?　　　Non, _____

B

1. Philippe a été en Allemagne ?　　　Non, _____

2. Avez-vous déjà goûté la bouillabaisse ? (jamais を入れて)

Non, _____

3. Sophie est-elle déjà arrivée à Sendai ? (pas encore を入れて)

Non, _____

4. Etes-vous déjà allés aux Etats-Unis ?　(jamais を入れて)

Non, _____

5. Ils ont acheté un gâteau ?　　　Non, _____

Ⅳ 下線部を直接・間接補語人称代名詞を使って書き換えなさい。
Remplacez les mots soulignés par un pronom COD ou COI.

A

1. Je connais Nathalie.　　　_____

2. Nous invitons Sophie et Paul chez nous.　　　_____

3. Ayaka téléphone <u>à Chloé</u>. _____

4. Elle aime <u>Philippe</u>. _____

5. Elle écrit souvent <u>à ses parents</u>. _____

6. Vous ne lisez pas <u>ces romans</u> ? _____

7. Il ne ressemble pas <u>à son père</u>. _____

8. Je ne téléphone pas <u>à mes parents</u>. _____

9. Ce beau collier appartient <u>à la Reine Marie-Antoinette</u>.

_____

10. Le serveur nous recommande <u>ce plat</u>. _____

11. Il propose <u>ce poste</u> <u>à son ami</u>. _____

B

1. Tu peux voir <u>ce film</u>. _____

2. Je veux écouter <u>cette chanson</u>. _____

3. Nous allons visiter <u>la tour Eiffel</u>. _____

4. Il faut écrire <u>à mon père</u>. _____

5. Tu dois répondre <u>à tes amis</u>. _____

6. Tu ne peux pas dire la vérité <u>à ta femme</u>. _____

7. Elle fait des efforts pour terminer <u>ce travail</u>. _____

8. On peut offrir <u>ce bouquet</u> <u>à son professeur</u>. _____

C

1. Vous avez déjà goûté <u>le foie gras</u> ? _____

2. Il a offert un parfum <u>à Léa</u>. _____

3. Elle a acheté <u>ce pull</u>. _____

4. J'ai acheté <u>cette jupe</u>. _____

5. Elle a invité <u>ses amis</u>. _____

6. J'ai demandé des informations <u>à Marie</u>. _____

7. Il n'a pas remarqué <u>les sculptures de l'Arc de Triomphe</u>.

_____

4

8. Vous ne m'avez pas donné <u>votre réponse</u>. _____

Ⅴ 適する補語人称代名詞を用いて質問に答えなさい。
Répondez aux questions en utilisant le pronom COD ou COI approprié.

A

1. Tu connais <u>Nadia</u> ?   Oui, _____

2. Connaissez-vous <u>Youssouf</u> ?   Non, _____

3. Tu prends <u>ton vélo</u> pour aller à l'université ? Non, _____

4. Vous téléphonez souvent <u>à vos parents</u> ? Oui, _____

5. Vous écrivez <u>à vos amis</u> quand vous êtes en vacances ?

   Non, _____

6. Utilisez-vous tous les jours <u>les réseaux sociaux</u> comme Twitter ou Line ?

   Oui, _____

7. Quand est-ce que tu lis <u>le journal</u> ?   _____

B

1. On peut acheter <u>ces chaussures</u> sur Internet ? Oui, _____

2. Il <u>t'</u>a téléphoné ?   Oui, _____

3. Elle a mangé <u>ce chocolat</u> ?   Oui, _____

4. Il a déjà vu <u>ce film</u> ? (pas encore を使って) Non, _____

5. Tu as parlé souvent <u>à ton professeur</u> ? Non, _____

6. Avez-vous déjà goûté <u>la Bouillabaisse de Marseille</u> ? (pas encore を使って)

   Non, _____

7. Combien de fois as-tu visité <u>la France</u> ? _____

8. Quand a-t-on construit <u>la Tour Eiffel</u> ? _____

Ⅵ 適する答えを選びなさい。 Choisissez la réponse appropriée.

1. Tu as oublié ton portefeuille où ?   **a.** Je l'ai oubliée chez moi.

                                         b. Je l'ai oublié chez moi.

                                         c. Je lui ai oublié chez moi

2. Tu as invité Marie au restaurant quand ?

a. Je l'ai invité hier.

b. Je lui ai invitée hier.

c. Je l'ai invitée hier.

3. Tu vas acheter cette robe ?

a. Oui, je la vais acheter.

b. Oui, je vais l'acheter.

c. Oui, je vais acheter la.

4. Il a offert ce parfum à Léa ?

a. Non, il ne le pas a offert.

b. Non, il ne l'a pas offert.

c. Non, il ne l'offert pas.

Ⅶ 適する補語人称代名詞を用いて質問に答えなさい。

Répondez aux questions en utilisant le pronom COD ou COI approprié.

1. Tu achètes ces lunettes ?　　　　Oui, _____

Non, _____

2. Tu voudrais acheter ces lunettes ?　Oui, _____

Non, _____

3. Tu as acheté ces lunettes ?　　　Oui, _____

Non, _____

Ⅷ 例にならって次の文を命令文に書き換えなさい。下線部の語は代名詞を用いなさい。

Comme dans l'exemple, mettez les phrases à l'impératif et remplacez les mots

soulignés par pronom COD ou COI.

ex. Tu me téléphones ce soir. → Téléphone-moi ce soir.

A

1. Vous leur écrivez.　　　　_____

2. Vous le lisez.　　　　　　_____

3. Tu téléphones à Stéphanie.　_____

4. Nous achetons ce gâteau.　_____

5. Tu cherches tes lunettes.　_____

6. Vous _me_ passez le sel. _____

7. Tu _me_ prêtes un stylo. _____

8. Vous _vous_ asseyez. _____

B

1. Tu ne _me_ téléphones pas avant midi. _____

2. Vous ne dites rien _à vos parents_. _____

3. Vous n'achetez pas _cette revue_. _____

4. Nous ne prenons pas _le taxi_. _____

5. Tu me montres _les photos_. _____

6. Tu donnes _ces fleurs_ à Sophie. _____

7. Tu donnes ces fleurs _à Sophie_. _____

8. Tu donnes _ces fleurs_ _à Sophie_. _____

Leçon 2 Les transports et les voyages 交通機関と旅行

Ⅰ 日本語に合うように（　　）内に適する語を入れ、文を完成させなさい。
Complétez les phrases à partir des phrases en japonais.

1. C'est (　　　　　　　).　　　　申しぶんありません。

2. Vous désirez un (　　　　　　) ou un (　　　　　　) ?
   片道切符をお望みですか？往復切符ですか？

3. (　　　　　　　).　　　　承知しました。

4. — Vous payez (　　　　　　) (　　　　　　) ? — Non, je paie (　　　　　　) (　　　　　　).
   カードで支払いますか？　　　　　　　　　　いいえ、現金で支払います。

5. — (　　　　　　) (　　　　　　)-on pour aller de Paris à Vichy ?
   パリからヴィシーへ行くのにどうすれば良いですか？

   — Il y a un train (　　　　　　).
   直通列車があります。

6. (　　　　　　) de temps (　　　　　　)-il ?　　　どれくらい時間がかかりますか？

7. Le train part de la (　　　　　　) numéro 12.　　　電車は１２番線から出発します。

8. Je voudrais réserver une (　　　　　　) avec (　　　　　　) de (　　　　　　), pour
   deux personnes.　　　バス付きの二人用の部屋を予約したいです。

9. (　　　　　　) (　　　　　　) monter dans le train, tu dois (　　　　　　) ton billet.
   電車に乗る前に、君は切符を有効にしないといけないよ。

10. (　　　　　　) que tu ne peux pas venir ce soir.　　　つまり、君は今晩来れないんだね。

Ⅱ 下線部の語を中性代名詞 y を用いて書き換えなさい。
Remplacez les mots soulignés par le pronom neutre y.

A

1. Tu vas souvent <u>au cinéma</u>.　　　　_____

2. On va <u>à l'université</u>.　　　　_____

3. J'habite <u>à Paris</u>.　　　　_____

4. Vous voyagez <u>en France</u>.　　　　_____

5. Nous pensons <u>à nos vacances</u>. _____

6. Elle n'habite plus <u>au Canada</u>. _____

B

1. Il faut aller <u>à la bibliothèque</u>. _____

2. Elle veut travailler <u>aux Etats-Unis</u>. _____

3. Vous ne devez pas aller <u>à l'université</u> aujourd'hui.

_____

4. On peut manger <u>dans la salle</u> ? _____

5. Léo est arrivé <u>à la gare</u>. _____

6. Nous sommes allés <u>au restaurant</u>. _____

7. Je ne suis pas allée <u>chez ma tante</u>. _____

Ⅲ 下線部の語を中性代名詞 en を用いて書き換えなさい。
Remplacez les mots soulignés par le pronom neutre en.

A

1. Je bois <u>du vin rouge</u>. _____

2. Il a <u>des chats</u>. _____

3. J'ai besoin <u>de ta voiture</u>. _____

4. Ils viennent <u>de Lyon</u>. _____

5. Je suis contente <u>de mon voyage au Japon</u>. _____

6. Elle ne mange pas <u>de viande</u>. _____

7. Je ne veux plus <u>de café</u>. _____

B

1. Nous voulons parler <u>de ce problème</u>. _____

2. Nous ne voulons pas parler <u>de ce problème</u>. _____

3. Il faut acheter <u>un parapluie</u>. _____

4. Elle a bu <u>du vin rouge</u>. _____

5. Vous avez trouvé <u>un appartement idéal</u> ? _____

6. Je n'ai pas fait <u>de sport</u> hier soir. _____

9

7. Il y a de l'eau chaude. _____

8. Il n'y a plus d'eau chaude. _____

9. Je m'occupe de ce travail. _____

Ⅳ 下線部の語を中性代名詞 le を用いて書き換えなさい。
Remplacez les mots soulignés par le pronom neutre le.

1. Je suis fonctionnaire. _____

2. Théo est sportif, mais Annie n'est pas sportive.

   _____

3. Vous savez que Paul est déjà parti ? _____

4. J'espère qu'il va réussir son examen. _____

5. Il faut finir vos devoirs. _____

Ⅴ 下線部の語を適する代名詞にして、文を書き換えなさい。
Remplacez les mots soulignés avec un pronom complément (direct, indirect)/ y / en / le.

A

1. Le train arrive à Bruxelles. _____

2. Je ne vais pas à Paris ce week-end. _____

3. Elle téléphone à ses amis. _____

4. Elle appelle ses amis. _____

5. Nous cherchons un hôtel pour ce soir. _____

6. Nous cherchons l'hôtel IBIS. _____

7. Nous visitons la cathédrale Notre Dame. _____

B

1. On aime la bière belge. _____

2. Je voudrais manger du chocolat belge. _____

3. J'ai modifié ma réservation hier sur Internet. _____

4. Nous sommes retournés à Paris à 20 heures. _____

5. Il faut écrire à mes cousins. _____

6. Je vais envoyer une carte postale à ma mère. _____

7. Vous devez penser à confirmer votre réservation.

_____

8. Vous devez penser à confirmer votre réservation.

_____

C

1. Tu dois composter ton billet. _____

2. Tu dois composter ton billet. _____

3. Je suis fatigué du voyage. _____

4. Je demande au guichetier à quelle heure le train arrive.

_____

5. Elle ne se souvient pas des horaires du train.

_____

Ⅵ 適する代名詞 y , en, le を用いて次の質問に答えなさい。
Répondez aux questions suivantes en employant le pronom « y / en / le ».

A

1. Tu as des frères ?   Oui, _____

                              Non, _____

2. Tu vas à Strasbourg pendant les vacances ? Oui, _____

                              Non, _____

3. Tu penses que Lucas va venir ce soir ? Oui, _____

                              Non, _____

4. Vous êtes déjà allé en France ? Oui, _____ une fois.

             (pas encore を使って) Non, _____

5. Elle voudrait acheter des fleurs ? Oui, _____

                              Non, _____

6. Avez-vous besoin de mon aide ? Oui, _____

                              Non, _____

B 自由に答えましょう。　Répondez librement.

1. Tu fais attention au feu rouge ?

   _____

2. Etes-vous satisfait(e) de votre vie actuelle ?

   _____

3. Vous pensez souvent à votre avenir ?

   _____

4. Vous vous intéressez à l'intelligence artificielle ?

   _____

5. Combien de tasses de café buvez-vous par jour ?

   _____

6. Combien d'étudiants y a-t-il dans ta classe ?

   _____

Leçon 3　Le corps et la sante　身体と健康

I 日本語にあうように（　　）内に適する語を入れ、文を完成させなさい。
Complétez les phrases à partir des phrases en japonais.

1. Qu'est-ce qui (　　　　　　　) (　　　　　　　) ? — Un accident terrible !
   何があったの。　　　　　　　　　　　　　　ひどい事故だよ。

2. — Qu'est-ce que tu as? — J'(　　　　　　) (　　　　　　) un rhume.
   どうしたの？　　　　風邪をひきました。

3. (　　　　　　　)-vous bien !　　　　　　　　　よく休んでください。

4. Prenez ce médicament deux (　　　　　) (　　　　　) jour.
   1日2回、この薬を飲んでください。

5. Elle a (　　　　　) (　　　　　　) (　　　　　　).　　彼女は熱があります。

6. Vous avez (　　　　　) (　　　　　).　　顔色が悪いですよ。

7. Avez-vous quelque chose (　　　　　) le (　　　　　) d'estomac ?
   胃痛に効くものは何かありませんか？

8. Tu es (　　　　　) samedi soir ?　　　　土曜日の晩は、暇？

9. Je vais préparer un (　　　　　) (　　　　　) avec des légumes (　　　　　).
   新鮮な野菜を使った健康的な食事を用意します。

10. Je suis stressé(e). Je n'(　　　　　) pas (　　　　　) bien dormir.
    ストレスがたまっていて、よく眠れないんだ（寝つきが悪いんだ）。

II 例にならって、文を作りなさい。　Faites des phrases comme dans l'exemple.

ex. [nous / les pieds] → Nous avons mal aux pieds.

1. [je / les yeux]　　　　　→ _____

2. [Léa / la tête]　　　　　→ _____

3. [tu / les dents]　　　　　→ _____

4. [vous / le ventre]　　　　→ _____

5. [Louis / l'estomac]　　　→ _____

6. [Ma sœur / la gorge]　　→ _____

Ⅲ 近接過去形を用いて次の文を書き換えなさい。　Mettez ces phrases au passé récent.

A

1. Je rentre. _____

2. Vous mangez ? _____

3. Le concert finit. _____

4. Elle part de la maison. _____

5. Nous visitons le musée d'Orsay. _____

6. J'arrive à l'aéroport. _____

7. Ils déménagent à Nagoya. _____

8. Tu fais des courses ? _____

B

1. Il est 7 heures. Je (se réveiller). _____

2. Il est minuit. Il (se coucher). _____

3. — Vous avez pris le petit déjeuner ?

   — Non, pas encore. Nous (se lever). _____

4. Ils ne sont pas à la maison. Ils (sortir). _____

5. Je cherche un emploi. Je (envoyer mon CV).

   _____

6. Tu manges encore ! Tu (prendre ton déjeuner, non)?

   _____

Ⅳ 指示に従って書き換えなさい。　Mettez ces phrases au passé récent et au futur proche.

1. Je rentre à la maison. （近接過去）　_____

   Je prépare le dîner. （近接未来）　_____

2. Nous finissons nos devoirs. （近接過去）　_____

   Nous jouons au football dehors. （近接未来）　_____

3. Elle achète un appartement. （近接過去）　_____

   Elle y déménage dans deux semaines. （近接未来）

4. Ils se rencontrent. （近接過去）

    Ils se marient déjà le mois prochain. （近接未来）

5. Je m'inscris au cours de français. （近接過去）

    Je vais à la librairie pour acheter les manuels. （近接未来）

Ⅴ 複合過去形を用いて次の文を書き換えなさい。　Mettez ces phrases au passé-composé.

A

1. Je me couche à minuit.

2. Tu te réveilles très tôt.

3. Nous nous promenons au bord de la rivière.

4. Elles s'habillent en uniforme.

5. Vous vous intéressez à la philosophie ?

6. Je me repose sur le lit.

7. Il s'inquiète de la santé de son père.

8. Ils se regardent.

9. Ils se rencontrent dans la soirée.

10. Elle ne se lève pas tôt.

B

1. Elle se lave les mains avant de manger.

2. Je me lave les cheveux.

3. Tu te brosses les dents ?

4. Elles se parlent tranquillement.

5. Ils s'écrivent de temps en temps.

6. Nous ne nous téléphonons plus.

15

VI 単純未来形を用いて書き換えなさい。　Mettez ces phrases au futur simple.

1. travailler ce week-end (je) _____

2. rentrer tard (elle) _____

3. finir ton travail à 17 heures (tu) _____

4. sortir de chez vous très tôt (vous) _____

5. venir me voir (il) _____

6. prendre le métro (tu) _____

7. faire du tennis (nous) _____

8. aller en Chine (nous) _____

9. être en retard (Luc) _____

10. avoir 20 ans (ils) _____

11. pouvoir vous aider (je) _____

12. voir le docteur cet après-midi (je) _____

VII 現在形、未来形を用い、例にならって書きなさい。　Faites des phrases suivant le modèle.

ex. aller au cinema (je) → Aujourd'hui, je vais au cinéma.
　　　　　　　　　　　　　　　Demain aussi, j'irai au cinéma.

A

1. manger des sushis (je) _____

_____

2. neiger (il) _____

_____

3. être au bureau (tu) _____

_____

4. aller au cinéma (nous) _____

_____

5. partir pour Paris (ils) _____

_____

B

1. faire du bricolage (Annie) _____

   _____

2. recevoir des visites (vous) _____

   _____

3. attendre Godot (il) _____

   _____

4. se promener (ma grand-mère) _____

   _____

5. me coucher tôt (je) _____

   _____

VIII 例にならって命令文を作りなさい。

Comme dans l'exemple, faites des phrases à l'impératif.

ex. — J'ai froid.

   — [vous] (prendre ce pull)   → Prenez ce pull !

A

1. — J'ai mal à la tête.

   — [vous] (prendre ce médicament) → _____

2. — J'ai mal aux dents depuis ce matin.

   — [Vous] (aller chez le dentiste)   → _____

3. — Je ne me sens pas bien.

   — Tu joues trop à des jeux vidéo.

   [tu] (faire du sport régulièrement) → _____

4. — Il s'est blessé au genou.

   — [tu] (chercher des pansements)   → _____

1. — Je suis fatigué.

   — Oh là là, tu as mauvaise mine. [tu] (se reposer bien)

   → _____

2. — Je suis stressée en ce moment.

   — [vous] (se détendre un peu)   → _____

3. — Il y a un gros chien. J'ai peur.

   — [tu] (ne pas avoir peur). Il est gentil.   → _____

4. — Demain, j'ai un examen. Je me sens mal à l'aise.

   — [vous] (ne pas s'inquiéter)   → _____

5. — J'ai sommeil.

   — [tu] (ne pas se coucher tard)   → _____

Leçon 4　Les vacances　バカンス

Expressions（表現）

Ⅰ 日本語に合うように（　　）内に適する語を入れ、文を完成させなさい。
Complétez les phrases à partir des phrases en japonais.

1. Je suis allé dans une (　　　　　　) (　　　　　　　　). 私は温泉に行った。

2. Le parc d'(　　　　　　) est ouvert de 10 heures à 21 heures (　　　　　　) le mardi.
   遊園地は火曜日以外、10時から21時まで開演しています。

3. C'est (　　　　　) et (　　　　　) de faire du rafting.
   ラフティングはスリルがあって面白い。

4. Tu as eu (　　　　) (　　　　　) (　　　　　). 君は幸運だったね。

5. C'est la (　　　　) (　　　　) que je suis venu en France.
   フランスに来たのは初めてです。

6. — Qu'est-ce que tu (　　　　　　), quand je t'ai appelé ? 電話した時、何をしていた？

   — Je prenais une (　　　　　). シャワーを浴びていた。

7. Mes parents travaillaient (　　　　) (　　　　) (　　　　).
   両親はいつも働いていた。

8. J'étais (　　　　) (　　　　) scolaire. ぼくは落ちこぼれだった。

9. Je suis allé voir le (　　　　) du 14 (　　　　).
   私はパリ祭（フランス革命記念日）の行進を見に行った。

10. Il y avait (　　　　) (　　　　) monde. たくさんの人がいた。

11. Elle est retournée à la maison, parce qu'elle avait (　　　　) (　　　　) prendre
    son portable.
    彼女は家に戻った。ケータイを持っていくのを忘れたからだ。

Ⅱ （　　）内の動詞を半過去にし、文を書き換えなさい。　Mettez les verbes à l'imparfait.

A

1. Quand ils (　　　　　) à Nantes, ils (　　　　　) à l'église tous les dimanches.
   (être) (aller)

2. Quand j'(　　　　　) 5 ans, ma sœur est née. (avoir)

19

3. Je (　　　　　) un livre avant de dormir. 　　　　　　　(lire)

4. Quand nous (　　　　　) jeunes, nous (　　　　　) souvent de la natation.

　　　　　　　　　　　　　　　　　　　　　　　　　　　　　(être) (faire)

5. Il (　　　　　) du café, lorsque tu es venu chez lui. 　　　(boire)

6. Il (　　　　　) mauvais pendant mon séjour à Naha. 　　　(faire)

7. Dans son enfance, elle ne (　　　　　) pas jouer dehors. 　(vouloir)

B

1. Avant tu (　　　　　) gros, mais maintenant tu es très maigre. 　(être)

2. Avant il (　　　　　) beaucoup, mais maintenant il ne fume plus. (fumer)

3. Dans le temps, nous (　　　　　) à la campagne, mais maintenant nous habitons au

centre-ville. 　　　　　　　　　　　　　　　　　　　　　(habiter)

4. J'(　　　　　) au lycée à vélo, mais maintenant je vais à l'université en métro.

　　　　　　　　　　　　　　　　　　　　　　　　　　　　　　(aller)

5. Dans le temps, je (　　　　　) tard, mais maintenant je me lève tôt pour faire du

jogging. 　　　　　　　　　　　　　　　　　　　　　　　(se lever)

6. Dans le temps, les enfants (　　　　　) dans la rivière, mais maintenant ils n'y

nagent plus, parce que l'eau est polluée. 　　　　　　　　　(se baigner)

Ⅲ (　　　　　) 内の動詞を複合過去または半過去にし文を書き換えなさい。

Mettez les verbes entre parenthèses au passé composé ou à l'imparfait.

A

1. Quand elle (　　　　　), il (　　　　　). 　　　　　(sortir) (pleuvoir)

2. Quand nous (　　　　　), vous (　　　　　) de qui ? 　(arriver) (parler)

3. Lorsque je (　　　　　) à la maison, il (　　　　　) une douche.

　　　　　　　　　　　　　　　　　　　　　　　　　(rentrer) (prendre)

4. Quand elle (　　　　　) petite, elle (　　　　　) de devenir actrice.

　　　　　　　　　　　　　　　　　　　　　　　　　　(être) (rêver)

5. Je (　　　　　) au marché. Il y (　　　　　) beaucoup de monde.

　　　　　　　　　　　　　　　　　　　　　　　　　　(aller) (avoir)

6. En ce temps-là elle (　　　　　) célibataire et (　　　　　) dans une banque.

　　　　　　　　　　　　　　　　　　　　　　　　　(être) (travailler)

7. Je t'(   ) plusieurs fois, mais tu n'(   ) pas là.

                                                                       (appeler) (être)

B

1. Cet accident (   ) lieu le 20 juillet 2015.   (avoir)

2. Ça fait une semaine que je n'(   ) pas Sophie.   (voir)

3. Quand je (   ), il (   ) 9 heures.   (me réveiller) (être)

4. Depuis qu'il (   ) de fumer, il tousse moins.   (s'arrêter)

5. Quand ma mère (   ), elle (   ) 65 ans. (mourir) (avoir)

6. Quand je (   ) les Tanaka, ils (   ) à Sapporo.

                                                                  (connaître) (vivre)

7. Je lui (   ), mais il ne (   ) pas.   (demander) (savoir)

Ⅳ 日本語を参考に、動詞を複合過去形か大過去形にしなさい。

Mettez les verbes au passé composé ou au plus-que-parfait.

A

1. Quand elle (rentrer) à la maison, Philippe (finir) de manger. (déjà を入れて)

彼女が家に帰った時、フィリップはすでに食事を終えていた。

_____

2. Lorsque je (arriver) à la gare, le train (partir). (déjà を入れて)

私が駅に着いた時、電車はすでに出発していた。

_____

3. Quand je (entrer) dans la classe, le professeur (faire) l'appel. (déjà を入れて)

教室に入った時、先生はすでに出欠を取り終えていた。

_____

4. Avant de partir en vacances, j'(acheter) une valise.

ヴァカンスに出発する前に、スーツケースを買っておいたんだ。

_____

5. Sazae san (retourner) à la maison. Parce qu'elle (oublier) son portefeuille.

サザエさんは家にもどった。なぜなら、財布を忘れたからだ。

_____

6. — Nous (faire) du camping à Niseko.   — Vous (réserver) votre camping à l'avance ?
私たちはニセコでキャンプをしました。　　あらかじめ、キャンプを予約したのですか？

_____

B

1. A 10 heures du soir, les enfants (se coucher). (déjàを入れて)
夜の10時には、子供達はすでに寝ていた。

_____

2. Quand je (se réveiller), ma mère (se lever). (déjàを入れて)
私が目を覚ました時、母はすでに起きていた。

_____

3. Comment (se passer) l'examen ? Est-ce que tu (réviser) le cours ?
試験はどうだった？授業の見直しをしておいたの？

_____

4. Je (ne pas arriver) à l'heure. Parce que je (se réveiller) trop tard.
私は時間に間に合わなかった。なぜなら目覚めるのが遅かったからだ。

_____

Ⅴ (　　) 内の動詞を複合過去、半過去、または大過去形にし書き換えなさい。　Mettez les verbes entre parenthèses au passé composé, à l'imparfait ou au plus-que-parfait.

A

Pauline : Alors, c'(être) bien tes vacances ?

Jun : Oui, c'(être) super ! Je (aller) à Nice en famille et nous (séjourner) dans un appartement de location. Avant de partir, je l'(trouver) sur Internet.
Nous (se baigner) tous les jours. La mer (être) calme et très belle. Nous (visiter aussi) Eze, un village à plus de 400 mètres d'altitude. La vue (être) magnifique.

_____

_____

_____

_____

_____

22

B Histoire de Marie

Samedi dernier, je (se lever) à 8 heures et demie. Il (pleuvoir). Je (se laver) et j' (prendre) le petit déjeuner. Je (sortir) à 10 heures. Parce que j'(avoir) rendez-vous avec Pierre devant le cinéma Odéon. Après le film, nous (aller) dans un restaurant « trois étoiles ». Il l'(réserver) pour fêter mon anniversaire. Nous (savourer) la bouillabaisse. C'(être) excellent ! Merci Pierre !

_____

_____

_____

_____

_____

C Histoire de Louise

Hier soir, quand je (rentrer) à la maison, mon mari (dormir) dans sa chambre. Il (se sentir) mal, et il (avoir) de la fièvre. Il (être) déjà 8 heures du soir. Je lui (conseiller) d'aller aux urgences. Mais il m'(dire) qu'il (déjà prendre) des médicaments. Il (préférer) rester au lit. Alors ce matin, heureusement, il (aller) mieux. J'(être) soulagée.

_____

_____

_____

_____

_____

D Histoire d'Arthur

Aujourd'hui, c'(être) l'anniversaire de ma femme. Pour cela, je (vouloir) préparer un délicieux fraisier parce qu'hier, elle m'(parler) de fraises. Je (aller) au supermarché pour acheter les ingrédients nécessaires. Puis, j'(commencer) à faire le gâteau. Après cela, j'(décider) de prendre une bonne douche pour me rafraîchir. Quand je (prendre) ma douche, j'(entendre) un grand bruit. Cela (venir) de la cuisine. Je (se précipiter) dans la cuisine. J'(voir) le chat du voisin sortir par la fenêtre. Mais quel malheur ! Il (manger) une partie du gâteau.

_____

_____

_____

_____

_____

_____

_____

Leçon 5　A la poste　郵便局にて

Expressions（表現）

I 日本語に合うように（　　）内に適する語を入れ、文を完成させなさい。
Complétez les phrases à partir des phrases en japonais.

1. — Tu pourrais aller à la Poste ? — Pas de (　　　　　　).
   郵便局へ行ってくれる？　　　　　いいよ（問題ないよ）。

2. Tu as (　　　　　) (　　　　　　　　) à envoyer ?　何か送るものがあるの？

3. Il vous faut 2 (　　　　　　) à 1.65 €.
   （あなたには）１ユーロ65サンチームの切手が２枚必要です。

4. Pourriez-vous m'envoyer ce (　　　　　　) ?　　　私にその小包を送ってくれますか？

5. Vous (　　　　　)'avez (　　　　　　)'à acheter une boîte de Colissimo.
   コリッシモの箱を一つ買うだけでよい。

6. Il faut (　　　　　　) combien de temps ?　どれぐらい（の日数が）かかりますか？

7. J'ai l'(　　　　　　) d'aller étudier en France.　　フランスに学びに行くつもりだ。

8. J'aimerais (　　　　　) mon français.　私は自分のフランス語能力を高めたい。

9. Qu'est-ce que tu en (　　　　　) ?　　　君はどう思う？

10. Je voudrais choisir un séjour en famille d'(　　　　　　).
    滞在はホームステイを選びたい。

11. Je suis (　　　　　) deuxième année à l'université.　私は大学２年生です。

12. J'étudie le français (　　　　　) deux ans.　私はフランス語を２年前から学んでいます。

II （　　）内の動詞を現在分詞にして、文を完成させなさい。
Mettez les verbes entre parenthèses au participe présent.

A

1. Jeanne est arrivée en (　　　　　　).　　　　　　　　　　(chanter)

2. Elle parle beaucoup en (　　　　　).　　　　　　　　　(manger)

3. Il a étudié le japonais en (　　　　　　) le journal.　(lire)

4. N'oubliez pas de fermer la porte en (　　　　　　).　(sortir)

5. Je prends des photos en (　　　　　　) mon smartphone.　(utiliser)

6. Ils montent l'escalier en (   ).   (courir)

7. En (   ) du snowboard, il s'est cassé la jambe.   (faire)

B

1. L'enfant a cassé le miroir en (   ) au ballon dans sa chambre. (jouer)

2. Il est tombé en (   ) l'escalier.   (descendre)

3. En (   ) le taxi, j'arriverai à l'heure.   (prendre)

4. Tout en (   ) la vérité, il ne dit rien.   (savoir)

5. Même en (   ) beaucoup, il n'est pas ivre.   (boire)

C

1. Ce sont les étudiants (   ) de France.   (venir)

2. Tu connais la fille (   ) une jolie robe ?   (porter)

3. J'ai rencontré Antoine (   ) de l'école.   (rentrer)

4. J'ai rencontré Antoine en (   ) de l'école.   (rentrer)

5. (   ) malade, elle n'est pas venue me voir.   (être)

6. (   ) malade, elle est venue me voir.   (être)

Ⅲ ジェロンディフ（en ...ant）を用いて「〜しながら〜する」（同時性）を表す文を作成しなさい。
Répondez librement en utilisant le gérondif (Faire deux choses à la fois).

1. Je prends mon petit déjeuner _____

2. Je prends le métro _____

3. Je me promène _____

4. Je fais le ménage _____

5. J'aime étudier _____

IV 次の文の下線部をジェロンディフを用いて書き換えなさい。

Réécrivez les mots soulignés en utilisant le gérondif.

A

1. Je me suis blessée au genou, quand je faisais du vélo.

   _____

2. Je suis ému, quand je lis ce roman.

   _____

3. Ils ont eu un accident, lorsqu'ils revenaient des vacances.

   _____

4. Ma femme a chantonné pendant qu'elle faisait le ménage.

   _____

5. Ils ont beaucoup discuté pendant qu'ils se promenaient.

   _____

6. Beaucoup de passagers manipulent leur smartphone pendant qu'ils prennent le train.

   _____

B

1. Si tu travailles un peu plus, tu réussiras l'examen.

   _____

2. Si tu pars tout de suite, tu seras à l'heure.

   _____

3. Si vous assistez au cours de yoga, vous serez moins stressée.

   _____

4. Il a réveillé son petit frère parce qu'il a fait trop de bruit.

   _____

5. Monsieur Yamazaki a mal au ventre parce qu'il a mangé des huîtres au mois de juillet.

   _____

V 適切な語を選び、現在分詞にして意味の通る文にしなさい。

Complétez avec un verbe au participe présent.

> avoir   aller   connaître   porter   être   se trouver

1. C'est un hôtel _____ au bord de la mer.

2. C'est un écrivain _____ du succès.

3. _____ timide, il ne voulait pas parler devant la classe.

4. _____ à Paris, je voudrais des informations sur la ville.

5. _____ bien Paris, je lui ai conseillé les endroits intéressants.

6. Il se promène en _____ une belle casquette.

VI 宛先表記として適切なものを線で結びなさい。　Associez les groupes de mots.

```
                                                    ┌─────────┐
                                                    │ ♦ PARIS │
                                                    │   ┃     │
                                                    │  ╱╲     │
   M. Marc Dupont                                   │ ╱  ╲    │
                                                    └─────────┘
   37, rue de la République

   21000 Dijon, France
```

M. ....   •   • Mademoiselle

Mme ....   •   • Monsieur

Mlle ....   •   • Madame

37 ....   •   • nom de la rue

rue de la République •   • pays

21000   •   • ville

Dijon   •   • code postal

France   •   • numéro de la rue

28

Ⅶ 次のメールを読み、Mikikoになったつもりで Hélène に返信メールを作成しなさい。

Lisez le mail d'Hélène et écrivez une réponse de la part de Mikiko.

---

objet : Ma visite au Japon ← 件名 objet

Chère Mikiko, ← 敬辞 formule d'appel

Bonjour Mikiko. Ça fait longtemps qu'on ne s'est pas vu. Comment vas-tu ?

Cet été je passerai à Tokyo. J'ai la chance de travailler comme stagiaire du 3 au 17 août. Pendant ce temps, j'aimerais bien te voir et dîner ensemble par exemple. Dis-moi quand tu seras disponible.

J'attends ta réponse. A très bientôt j'espère.

メール本文 corps du mail

Je t'embrasse. ← 結辞 formule de politesse

Hélène ← 署名 signature

Leçon 6

I 日本語に合うように（　　）内に適する語を入れ、文を完成させなさい。
Complétez les phrases à partir des phrases en japonais.

1. Je viens de déménager en (　　　　　　). 私は郊外に引っ越したばかりです。

2. La vie est (　　　　) (　　　　　) qu'à Paris. 生活はパリよりも安くすむよ。

3. Je peux (　　　　　) dormir qu'avant. 前よりよく眠れます。

4. Le temps, c'est de l'(　　　　　). 時は金なり。

5. On a des problèmes de stationnement et d'(　　　　　). 駐車と渋滞の問題があります。

6. C'est le (　　　　) (　　　　　) de transport. それは最も優れた交通手段です。

7. Vélib', c'est un système de (　　　　) de vélos en libre-service. ヴェリーヴはセルフサービスの自転車レンタルです。

8. Tu peux aller n'(　　　　) (　　　　) avec ton vélo. 自転車でどこにだって行けるよ。

9. 67% de l'électricité française (　　　　) (　　　　) (　　　　) le nucléaire. フランスの67%の電力が原子力で生産されています。

10. Je (　　　　) ça dangereux ! それは危険だと思う。

11. Il y a trois couleurs de (　　　　). 3つの色のゴミ箱があります。

12. Comment les (　　　　) sont triés? ゴミはどのように分別されていますか？

II 形容詞の比較級について、次の例や日本語の文を参考にして比較を表す文を書きなさい。
Faites des phrases comme dans l'exemple ou complétez-les à partir des phrases en japonais.

ex L'avion est rapide.　　> le train → L'avion est plus rapide que le train. _____

A

1. Kenta est grand.　　> Mikako → _____

2. Mikako est sérieuse.　　< Kenta → _____

3. Sophie est intelligente.　　= sa sœur → _____

4. Juliette est sportive.   < Marie → _____

5. La vie à Paris est chère.   > la vie en banlieue → _____

6. La tour de Tokyo est haute. > la tour Eiffel → _____

7. Emma est belle.   = Taylor → _____

8. Mes cousins sont âgés.   < moi → _____

B

1. Le vin français est bon.   > le vin japonais → _____

2. Ce gâteau-ci est bon.   < ce gâteau-là → _____

3. Cette bière-ci est bonne.   = cette bière-là → _____

4. Ce restaurant est bon.   > les autres → _____

5. Mes nouvelles chaussures sont bonnes. > mes anciennes chaussures

         → _____

C

1. Il faut manger (   ) (   ) légumes, (   ) (   ) viande.
野菜はより多く、肉は少なめに食べるべきです。

2. Théo a lu (   ) (   ) livres (   ) Philippe.
テオはフィリップと同じだけ本を読みました。

3. Les Français consomment (   ) (   ) vin (   )'autrefois.
フランス人は以前よりワインを消費しなくなっています。

4. Il y a (   ) (   ) monde (   ) d'habitude.
いつもより多くの人がいる。

5. La France a (   ) (   )'habitants (   ) le Japon.
フランスは日本ほど人口が多くない。

Ⅲ 副詞の比較級について、次の例を参考にして比較を表す文を書きなさい。
Faites des phrases comme dans l'exemple.

ex. Je suis arrivée tôt.   > Léa →   Je suis arrivée plus tôt que Léa.

A

1. Aujourd'hui, je rentre tard.   > d'habitude → _____

2. Il s'est réveillé tôt.   = sa femme → _____

31

3. Hugo nage vite.   < Raphaël → _____

4. Zoé court vite.   > moi → _____

5. Je vais souvent à la piscine.   = Philippe → _____

B

1. Inès danse bien.   > Chloé → _____

2. Maya chante bien.   < Akiko → _____

3. Il n'a plus de fièvre. Il va bien.   > hier → _____

4. Il joue bien au tennis.   = son frère → _____

5. Je parle bien français.   < Yumiko → _____

IV 日本語に合うように（　　）内に形容詞を最上級にして、文を完成させなさい。
Complétez les phrases à partir des phrases en japonais.

1. Jacques est (　　　　) (　　　　) (　　　　) de la ville.
ジャックは町で最も高齢です。

2. Philippe est (　　　　) (　　　　) (　　　　) de nous quatre.
フィリップは私たち４人の中で一番真面目ではありません。

3. Madame Dubois est (　　　　) (　　　　) (　　　　) de l'école.
デュボワ先生は学校で最も厳しい先生です。

4. Le Louvre est le musée (　　　　) (　　　　) (　　　　) du monde.
ルーブルは世界で最も知られた美術館です。

5. C'est (　　　　) (　　　　) étudiante de la classe.
それはクラスで最も良くできる女子学生です。

6. Gorde est l'un des (　　　　) (　　　　) villages de France.
ゴールドはフランスで最も美しい村のひとつです。

V 日本語に合うように（　　）内に副詞の最上級を入れて、文を完成させなさい。
Complétez les phrases à partir des phrases en japonais.

1. Jean court (　　　　) (　　　　) vite de nous trois.
ジャンは私たち３人の中で最も走るのが遅い。

2. Marie danse (　　　　) (　　　　) du groupe.
マリーはグループの中で最も上手に踊ります。

3. J'arrive (   ) (   ) (   ) possible.

できるだけ早く到着するようにします。

4. Ayaka parle français (   ) (   ) de la classe.

アヤカはクラスの中で最も上手にフランス語を話す。

Ⅵ 次の文を受動態の文に書き換えなさい。　Mettez les phrases à la voix passive.

A

1. Nathalie invite Philippe. _____

2. Nathalie invite Sophie et Marie. _____

3. Nathalie n'invite pas Marie. _____

4. Marie écrit cette lettre. _____

5. Tout le monde aime Marie et Sophie. _____

6. Les étudiants respectent ce professeur. _____

B

1. Soseki Natsume a écrit ce roman. _____

2. Marie a écrit ces lettres. _____

3. Gustave Eiffel a construit la tour Eiffel. _____

4. Thomas Edison a inventé l'ampoule électronique.

_____

5. Claude Monet a peint ce tableau. _____

C

1. Nathalie invitera Philippe. _____

2. Nathalie n'invitera pas Philippe. _____

3. Nathalie va inviter Philippe. _____

4. La maison d'édition publiera ce manuel. _____

5. La maison d'édition vient de publier ce manuel.

_____

VII 次の能動態の文は受動態に、また受動態の文は能動態の文に書き換えなさい。
Mettez les phrases à la voix active au passif et vice-versa.

1. Le Vélib' est souvent utilisé par les jeunes.

   _____

2. Ayaka envoie ce colis au Japon.

   _____

3. Les centrales nucléaires sont contrôlées par des inspecteurs.

   _____

4. Le comité antinucléaire a organisé cette manifestation.

   _____

5. Mon fraisier a été mangé par le chat.

   _____

6. Les Parisiens ne respectent pas toujours le tri sélectif.

   _____

7. On donnera ce concert en plein air.

   _____

VIII p.34の Dialogue 4 を読み、文意に合っている場合は vrai、合っていない場合は faux に✓印を
記入しなさい。 Relisez le dialogue 4 p.34 et dites si c'est vrai ou faux.

	vrai	faux
1. 19 % de l'électricité est produite par l'énergie éolienne.	☐	☐
2. La France a 56 réacteurs actifs.	☐	☐
3. Les Etats-Unis ont plus de réacteurs actifs que la France.	☐	☐
4. Fabienne croit que les réacteurs actifs sont sévèrement contrôlés par des inspecteurs.	☐	☐
5. Tchernobyl se trouve en France.	☐	☐

IX [Quiz] 次のクイズに答えなさい。　Répondez aux questions suivantes.

1. Quel est le fleuve le plus long du monde ?

   _____

2. Quel est le mont le plus haut de l'Europe ?

   _____

3. Quel est le plus grand pays du monde ?

   _____

4. Le tableau *Gernica* a été peint par qui ?

   _____

5. Le roman *Toshishun* a été écrit par qui ?

   _____

6. Le manga *Dragon Ball* est dessiné par qui ?

   _____

Leçon 7

I 日本語に合うように（　　）内に適する語を入れ、文を完成させなさい。
Complétez les phrases à partir des phrases en japonais.

1. Ça a l'(　　　　　　) intéressant.　　　　　　　　それは面白そうだ。

2. C'est un écrivain français qui a (　　　　　) le prix Nobel de littérature.
ノーベル文学賞を受賞したフランス人作家です。

3. C'est (　　　　　　).　　　　　　　　　　残念です。

4. Dans le musée d'Orsay, il y a beaucoup de (　　　　　) impressionnistes.
オルセー美術館にはたくさんの印象派の絵画があります。

5. Le couscous, c'est un (　　　　　) africain que les Français adorent.
クスクスはフランス人が大好きなアフリカ料理です。

6. Mes parents ont (　　　　　) il y a un an.　　1年前、両親は離婚しました。

7. Phlippe et Nathalie se sont (　　　　　). C'est leur deuxième (　　　　　).
フィリップとナタリーは結婚しました。彼らにとって2回目の結婚です。

8. Ce n'est pas (　　　　　) !　　　　　　　嘘でしょう！

9. Le Pacs a les mêmes (　　　　　) fiscaux que le mariage.
パックスには結婚と同じ税制上の優遇措置があります。

10. Le Pacs est très populaire (　　　　　) des jeunes.
パックスは若い人たちの間で人気です。

11. Il est facile (　　　　　) arrêter.　　　　　　中断するのは簡単です。

II 次の文はどの家族の説明か適切ものを選びなさい。
Quelle famille ? Associez ces types de familles avec leur définition.

1. Marc et Sophie vivent ensemble mais ils ne sont pas mariés.

2. Cette mère est divorcée, elle vit seule avec deux fils.

3. Marie est divorcée, elle s'est remariée avec Jean. Ils ont tous les deux des enfants de leur premier mariage.

4. Bernard et Véronique sont mariés et ils ont trois enfants.

36

a. une famille traditionnelle

b. une famille Pacs sans enfants

c. une famille monoparentale

d. une famille recomposée

Ⅲ 2つの文を qui を用いて１つの文に書き換えなさい。
Faites une seule phrase en utilisant « qui ».

1. J'ai une sœur. Elle s'appelle Louise.

_____

2. C'est un peintre japonais. Il habite en France.

_____

3. Vous connaissez cette femme ? Elle vient d'arriver.

_____

4. Tu connais le chanteur ? Il a chanté *Aux Champs-Elysées*.

_____

5. Je fais mes courses au supermarché. Il est à côté de chez moi.

_____

Ⅳ 2つの文を que (qu') を用いて１つの文に書き換えなさい。
Faites une seule phrase en utilisant « que (qu') ».

1. Je lis le journal. J'ai acheté ce journal ce matin.

_____

2. Je mange le gâteau. Ma mère a fait ce gâteau.

_____

3. La jupe est très jolie. Elle porte cette jupe.

_____

4. Le livre est très intéressant. J'ai lu ce livre.

_____

5. Le sac est très pratique. J'ai acheté ce sac dans un magasin de sports.

_____

Ⅴ 2つの文を qui あるいは que (qu') を用いて1つの文に書き換えなさい。
Faites une seule phrase en utilisant « qui / que (qu') ».

A

1. Tu connais le garçon ? Il bavarde avec Annie.

_____

2. Je vais voir le film. Tu aimes bien ce film.

_____

3. L'acteur s'appelle Alain Delon. Il a joué dans _Plein Soleil_.

_____

4. Prenez la rue. Elle va vers la gare.

_____

5. Je prends le train. Il part à 17 heures.

_____

6. C'est le train. Mon père va prendre ce train.

_____

7. C'est le vélo. Mon père l'a acheté.

_____

8. C'est la voiture. Mon père l'a achetée.

_____

9. Ce sont les livres. Mon père les a achetés.

_____

10. Ce sont les lunettes. Mon père les a achetées.

_____

B

1. Je ne me souviens plus du film. J'ai vu ce film le mois dernier.

_____

2. Tu connais bien la fille. J'ai invité cette fille ce soir.

_____

3. Vous avez lu la lettre ? J'avais envoyé cette lettre il y a trois jours.

_____

4. Tu m'a dit quelque chose. Cela m'intéresse beaucoup.

_____

5. Le collier me plaît beaucoup. Mon mari m'a offert ce collier.

_____

6. Les déchets non recyclables doivent être jetés dans la poubelle verte. Elle se trouve derrière la porte.

_____

7. La ville était très belle. J'ai visité cette ville cet été.

_____

8. Ils ont choisi le Pacs. Il a le mêmes avantages que le mariage.

_____

Ⅵ (　　) 内に指示代名詞 celui, celle, ceux, celles を書きなさい。
Mettez le pronom démonstratif.

1. Le père de Jean est plus âgé que (　　　　) de Pierre.

2. Voici deux chambres, (　　　　)-ci est plus grande que (　　　　)-là.

3. Voici deux pulls, (　　　　)-ci est moins cher que (　　　　)-là.

4. Dans le garage, il y a ma voiture et (　　　　) de ma mère.

5. Ce ne sont pas mes chaussures. Ce sont (　　　　) de Sophie.

6. Ce ne sont pas mes gants. Ce sont (　　　　) de Sophie.

7. Nous allons comparer la carte de France et (　　　　) du Japon.

8. C'est un poète français, (   ) qui a écrit « Les feuilles mortes ».

9. Voici deux robes, prends (   ) que tu veux.

10. (   ) qui ont terminé l'examen peuvent sortir.

Ⅶ (   ) 内に前置詞を伴う指示代名詞 celui, celle, ceux, celles を書きなさい。
Mettez le pronom démonstratif avec une préposition convenable.

1. C'est ta montre ?   — Non. C'est (   ) (   ) ma mère.

2. C'est ta montre ?   — Non. C'est (   ) (   ) cousin de Philippe.

3. C'est ton parapluie ?   — Non. C'est (   ) (   ) mon père.

4. C'est ton parapluie ?
   — Non. C'est (   ) (   ) (   ) cousine de Philippe.

5. Quels beaux timbres !   — Ce sont (   ) (   ) mon frère.

6. Quelles belles poésies !   — Ce sont (   ) (   ) Baudelaire.

7. Ces sacs sont à vous ?   — Non. Ce sont (   ) (   ) étudiants japonais.

8. La capital de la France est Paris; (   ) (   ) Canada est Ottawa,
   (   ) (   ) Etats-Unis est Washington D.C.

Ⅷ (   ) 内に関係代名詞 qui, que を伴う指示代名詞を書きなさい。
Mettez le pronom démonstratif avec un pronom relatif convenable.

1. Comment trouves-tu ma jupe ?

   — Je préfère (   ) (   ) tu portais hier.

2. Où sont vos enfants ?

   — Ce sont (   ) (   ) jouent à la balançoire.

3. Vous aimez cette chemise en soie?

   — J'aime mieux (   ) (   ) est en coton.

4. (   ) (   ) tu lis a été écrit par qui ?

   — Tu parles de ce livre ? C'est par Ogai Mori.

5. Tu connais cet homme?

   — Oui, c'est (   ) (   ) habite près de chez moi.

40

6. C'est toi qui as écrit cette lettre?

— Oui, c'est (   ) (   ) j'ai écrite il y a trois jours.

Ⅸ (   ) 内に関係代名詞 qui または que (qu') を入れなさい。
Mettez un pronom relatif convenable « qui / que (qu') ».

1. Je sais ce (   ) est important.

2. Je comprends ce (   ) tu veux dire.

3. Je ne sais pas ce (   ) s'est passé.

4. Je ne sais pas ce (   )'il y a dedans.

5. Ce n'est pas ce (   ) je pense.

Ⅹ 下線部を強調する文を作りなさい。 Mettez en valeur les mots soulignés.

1. Marianne a vu Pierre dans un grand magasin.

_____

_____

_____

2. Chloé et Léo ont choisi le Pacs.

_____

_____

3. J'ai mangé ce gâteau hier.

_____

_____

_____

Leçon 8

Expressions（表現）

I 日本語に合うように（　　）内に適する語を入れ、文を完成させなさい。
Complétez les phrases à partir des phrases en japonais.

1. Qui (　　　　　　　　)-vous ?　　　　　　　　　だれを待っていますか？

2. J'ai (　　　　　　　　) de nouvelles chaussures.　　新しい靴が必要です。

3. — Quelle est votre (　　　　　　　) ?　— Je chausse du 38.
   靴のサイズはいくつですか?　　　　38です。

4. — Tu fais quelle (　　　　　　) ?　　　　　— Je fais du 40.
   洋服のサイズはいくつですか?　　　　　40です。

5. Si on (　　　　　　　) au cinéma ?　　　　　　映画に行きませんか？

6. J'aimerais voir le (　　　　　　) film de François Ozon. C'est le film (　　　　　　) on
   parle beaucoup.
   フランソワ・オゾンの最新作を観たい。今話題になっている映画です。

7. (　　　　　　) tu (　　　　　　), on va au centre commercial.
   よかったら（君が望むなら）、ショッピング・モールに行こう。

8. Il y a (　　　　　　) de boutiques intéressantes.　いいお店がたくさんあります。

9. Cherchons un endroit (　　　　　) les enfants pourront s'amuser.
   子供たちが楽しめる場所を探しましょう。

II 日本語に合う色を表す形容詞を入れなさい。
Complétez en se référant à la phrase japonaise.

1. 黒い革ジャン　　　　　　　une veste (　　　　) en cuir

2. 赤いワンピース　　　　　　une robe (　　　)

3. 毛糸の紫のセーター　　　　un pull (　　　) en laine

4. 木綿の白いシャツ　　　　　une chemise (　　　) en coton

5. 緑のスカート　　　　　　　une jupe (　　　)

6. 絹の黄色いスカーフ　　　　un foulard (　　　) en soie

7. 茶色のブーツ　　　　　　　des bottes (　　　)

8. ピンクのカーディガン　　　un gilet (　　　　　)

9. 紺のコート　　　　　　　un manteau (　　　　) foncé

10. グレーの手袋　　　　　　des gants (　　　　)

Ⅲ 適切な疑問代名詞を使って日本語に合うフランス語の文を完成させなさい（必要な場合は前置詞も入れる）。　Complétez en se référant à la phrase japonaise.

1. あの人は誰ですか？　　　① Qui _____ ?

　　　　　　　　　　　　　② C'est _____ ?

2. これは何ですか？　　　　① _____ c'est ?

　　　　　　　　　　　　　② C'est _____ ?

3. この交響曲を作曲したのは誰ですか？　モーツァルトです。

　　　　　　　　　　　① — _____ a composé cette symphonie ?

　　　　　　　　　　　② — _____ a composé cette symphonie ?

　　　　　　　　　　　— C'est Mozart.

4. 何が起こったの？　　　　　　　　　　　　　交通事故があったんだ。

　　　　　— _____ est arrivé ?　— Il y a eu un accident de voiture.

5. 誰をお探しですか？　　　① _____ cherchez-vous ?

　　　　　　　　　　　　　② _____ vous cherchez ?

6. 今週末何をするつもり？　① _____ ferez-vous ce week-end ?

　　　　　　　　　　　　　② _____ vous ferez ce week-end ?

　　　　　　　　　　　　　③ Vous ferez _____ ce week-end ?

7. 誰と一緒にコンサートに行くのですか？

　　① _____ est-ce que vous allez au concert ?

　　② _____ allez-vous au concert ?

　　③ Vous allez au concert _____ ?

8. 私が帰ってきたとき何について話していたの？

① _____ est-ce que vous parliez, quand je suis rentré ?

② _____ parliez-vous, quand je suis rentré ?

③ Quand je suis rentré, vous parliez _____ ?

9. ① 君は誰のことを考えているの？　　　　Tu penses _____ ?

② あなたは何に興味がありますか？　　　Vous vous intéressez _____ ?

③ 彼は何を担当するの？　　　　　　　　Il s'occupe _____ ?

④ 彼女は誰に似ているの？　　　　　　　Elle ressemble _____ ?

⑤ 君は誰に手紙を書いたの？　　　　　　Tu as écrit _____ ?

⑥ 彼らは何に参加するのですか？　　　　Ils participent _____ ?

IV 適する疑問代名詞 (lequel, laquelle, lesquels, lesquelles) を用いて文を完成させなさい。
Complétez avec un pronom interrogatif composé.

1. Il y a trois revues de guide sur Paris. _____ voulez-vous acheter ?

2. Il y a beaucoup de plats sur le menu. Tu me recommandes _____ ?

3. Avec une bouillabaisse je te conseille de prendre un vin blanc.

— D'accord, mais _____ ?

4. _____ de ces vestes est la plus jolie ?

5. De tous ces garçons, _____ est ton fils ?

6. De ces médicaments, _____ dois-je prendre après les repas ?

7. Parmi ces lunettes, elle a choisi _____ ?

8. De tous les romans de Soseki, _____ ont été traduits en français ?

V 下線に適切な疑問代名詞 (lequel, laquelle, lesquels, lesquelles)、指示代名 (celui, celle, ceux, celles) を入れて意味の通る文を完成させなさい。　Complétez avec « lequel, laquelle, lesquels, lesquelles » puis avec « celui, celle, ceux, celles ».

1. Tu préfères _____ de ces robes ?

— Je préfère _____-ci, avec de petites fleurs.

2. Vous préférez _____ de ces pulls ?

— Je préfère _____-ci, à droite.

3. Tu préfères _____ de ces chaussures ?

— Je préfère _____-ci, à gauche.

4. Vous préférez _____ de ces gants ?

— Je préfère _____-ci, en cuir.

Ⅵ 2つの文を où または dont を用いて1つの文に書き換えなさい。
Faites une seule phrase en utilisant « où, dont ».

1. Je vais voir le film. On parle beaucoup de ce film.

_____

2. C'est l'université. J'ai étudié à cette université.

_____

3. C'est le sac à dos. J'ai besoin de ce sac pour mon voyage.

_____

4. Je suis allée en Corée. Ma meilleure amie habite en Corée.

_____

5. J'ai lu un roman. L'auteur de ce roman s'appelle Albert Camus.

_____

6. Je connais un restaurant. On peut manger le meilleur cassoulet dans ce restaurant.

_____

Ⅶ (　　) に qui, que, où, dont のうちふさわしいものを入れなさい。
Complétez avec un pronom relatif, « qui, que (qu'), où, dont ».

1. Voilà le musée (　　　　) vous cherchez.

2. Voilà le musée (　　　　) il y a des tableaux de Picasso.

3. Voilà le musée (　　　　) est très connu dans le monde entier.

4. Voilà le musée (　　　　) le directeur est mon oncle.

5. C'est le pays (   ) je suis allée il y a un an.

6. C'est le pays (   ) elle a visité il y a un an.

7. C'est le pays (   ) la capitale est très belle.

8. C'est le pays (   ) appartient à l'UE.

9. Voilà la photo de ma famille d'accueil (   ) la maison est très moderne.

10. Le 2 février, c'est le jour (   ) les Français mangent des crêpes.

Ⅷ 2つの文を qui, que, où, dont を用いて1つの文に書き換えなさい。
Faites une seule phrase en utilisant « qui, que, où, dont ».

1. C'est la maison. J'ai passé mes vacances dans cette maison.

   _____

2. Vous avez lu la lettre ? Je l'avais envoyée il y a trois jours.

   _____

3. Montrez-moi la robe. Elle est dans la vitrine.

   _____

4. J'ai vu un acteur célèbre. J'ai oublié le nom de cet acteur.

   _____

5. Je vous conseille la choucroute. Elle est une spécialité d'Alsace.

   _____

6. Le quartier est bruyant mais pratique. Pierre y habite.

   _____

7. Je voudrais annuler ma réservation. J'ai fait cette réservation avant-hier.

   _____

8. C'est une chambre. Les fenêtres de cette chambre donnent sur la rue.

   _____

IX 空欄に適切な疑問代名詞（lequel, laquelle, lesquels, lesquelles）、次に指示代名詞（celui, celle, ceux, celles）＋関係代名詞 (qui, que, dont, où) を用いて意味の通る文を完成させなさい。 Complétez avec « lequel, laquelle, lesquels, lesquelles » puis avec « celui, celle, ceux, celles » et un pronom relatif « qui, que, dont, où ».

ex. — Ton frère, c'est <u>lequel</u> ? — C'est <u>celui qui</u> porte un pull rouge.

1. — Tes livres, ce sont _____ ?

   — Ce sont _____ sont sur la table basse.

2. — Tes nouvelles chaussures, ce sont _____ ?

   — Ce sont _____ je porte aujourd'hui.

3. — Ta maison, c'est _____ ?

   — C'est _____ les murs sont jaunes.

4. — Ton musée préféré, c'est _____ ?

   — C'est _____ on peut admirer *les Nymphéas* de Monet.

5. — Notre train, c'est _____ ?

   — C'est _____ vient d'arriver sur la voie 17.

6. — _____ de ces robes me va bien ?

   — Euh... les deux sont bien. Achète _____ tu préfères.

Leçon 9　Rêves de futur

I 日本語に合うように（　）内に適する語を入れ、文を完成させなさい。
Complétez les phrases à partir des phrases en japonais.

1. Qu'est-ce que tu (　　　　　　) (　　　　　　　　) plus tard ?
   君はこの先どんなことがしたいの？

2. Je voudrais être photgraphe et (　　　　　　) (　　　　　　　) la misère des femmes et
   des enfants.
   カメラマンになって女性や子供の困窮を世に知らせたいんだ。

3. J'aimerais travailler avec l'(　　　　　　) (　　　　　　　　). 人工知能を使う仕事がしたい。

4. J'ai un (　　　　　) d'(　　　　　　) à 13 heures. Je suis tendu(e).
   13時に採用試験面接があるんだ。緊張してるよ

5. Tu (　　　　　) essayer ces exercices ?　　この問題をやってみたら？

6. (　　　　　　)-(　　　　　　) me dire où se trouve le bureau ?
   オフィスがどこか教えていただけますか？

7. Tu as des (　　　　　　) de Lucas ?　　　リュカから連絡はある？

8. Tu as (　　　　　　).　　　　　　　　君の言うとおりだ。

9. Si j'(　　　　　　) du temps, je (　　　　　　) du sport.
   時間があれば、スポーツをするんだけど。

10. Si tu (　　　　　) (　　　　　　) davantage, tu (　　　　　) (　　　　　　)
    l'examen.　　もっと勉強していれば、試験に合格したのに。

11. J'ai (　　　　　　) (　　　　　　　) partir pour la France.
    フランスへ出発することにしたよ。

II 例にならって、動詞を単純未来形、条件法現在に活用させなさい。　Conjuguez le verbe au
futur simple et au conditionnel présent comme dans l'exemple.

ex. [être]　　→ je (serai)　　　　　　→ je (serais)

1. [être]　　→ il (　　　　　　)　　→ il (　　　　　　)

2. [avoir]　　→ nous (　　　　　　)　→ nous (　　　　　　)

48

3. [aimer]　　　→ tu (　　　　　　　)　　→ tu (　　　　　　　　)

4. [vouloir]　　→ vous (　　　　　　　)　　→ vous (　　　　　　　)

5. [pouvoir]　　→ je (　　　　　　　)　　→ je (　　　　　　　)

6. [devoir]　　　→ elles (　　　　　　)　　→ elles (　　　　　　)

7. [habiter]　　　→ elle (　　　　　　)　　→ elle (　　　　　　)

8. [faire]　　　　→ je (　　　　　　　)　　→ je (　　　　　　　)

9. [partir]　　　→ nous (　　　　　　)　　→ nous (　　　　　　)

10. [venir]　　　→ ils (　　　　　　　)　　→ ils (　　　　　　　)

11. [dire]　　　　→ je (　　　　　　　)　　→ je (　　　　　　　)

12. [prendre]　　→ vous (　　　　　　)　　→ vous (　　　　　　)

Ⅲ pouvoir – vouloir – devoir から文意に合うものを選び、適する条件法現在に活用させなさい。
« pouvoir – vouloir – devoir ». Conjuguez-les au conditionnel présent.

1. Vous n'avez jamais mangé d'escargots ? Mais c'est bon, vous ＿＿＿＿＿＿ essayer !

2. Il ＿＿＿＿＿＿ être médecin.

3. Allô, je ＿＿＿＿＿＿ parler à Alice, s'il vous plaît.

4. Tu es fatigué, tu ＿＿＿＿＿＿ prendre des vacances.

5. Je n'ai pas compris, ＿＿＿＿＿＿-vous répéter ?

6. J'ai un peu froid. Tu ＿＿＿＿＿＿ fermer la fenêtre ?

Ⅳ 次のような状況で、あなたは何と言いますか？条件法現在の丁寧な表現を用いて書きなさい。
Vous êtes dans les situations suivantes. Que dites-vous ? Dites-le poliment en
utilisant le conditionnel présent.

1. En classe : vous avez oublié votre stylo, vous demandez à votre camarade de vous en
prêter un.

＿＿＿＿＿＿＿＿＿＿＿＿＿＿＿＿＿＿＿＿＿＿＿＿＿＿＿＿＿＿＿＿＿＿

2. Au marché : vous achetez un kilo de pommes.

＿＿＿＿＿＿＿＿＿＿＿＿＿＿＿＿＿＿＿＿＿＿＿＿＿＿＿＿＿＿＿＿＿＿

3. Au café : vous voulez du sucre, mais il est loin de vous. Vous le demandez à votre ami(e).

_____

4. Dans un magasin de chaussures : vous voulez essayer des chaussures. Vous demandez à la vendeuse.

_____

Ⅴ 日本語を参考にして、（　　　　）内の動詞を適切な形にし、実現の可能性のある文を作りなさい。
Complétez la phrase en utilisant la condition.

1. もし暇なら、遊びにおいでよ。
Si tu (avoir) du temps, tu (venir) me voir ?

_____

2. 分からなければ、彼女が教えてくれるよ。
Si tu ne (comprendre) pas, elle t'(expliquer).

_____

3. そんなこと言ったら、彼は怒るよ。
Si vous (dire) cela, il (se mettre) en colère.

_____

4. 時間があるなら、一緒に食べましょう。
Si vous (être) libre demain soir, on (manger) ensemble.

_____

Ⅵ 日本語を参考にして、現在の事実に反する仮定とその結果を表す文を完成させなさい。
Complétez la phrase en utilisant le conditionnel présent.

1. 天気がよければ、出発するのだが。
S'il (faire) beau, je (partir).

_____

2. もっと時間があれば、イタリア語を勉強するのだけれど。
Si j'(avoir) plus de temps, j'(apprendre) l'italien.

_____

3. この車が安ければ、買うのだが。

Si cette voiture (être) moins chère, on l'(acheter).

---

4. もしお金持ちなら、世界一周旅行をするのだが。もしあなたがお金持ちなら、何がしたいですか？

Si nous (être) riches, nous (faire) le tour du monde. Et vous, si vous (être) riche, qu'est-ce que vous (vouloir) faire ?

Ⅶ 例にならって、動詞を大過去形、条件法過去に活用させなさい。 Conjuguez le verbe au plus que parfait et au conditionnel présent comme dans l'exemple.

ex. [manger] → j'avais mangé → j'aurais mangé

1. [finir]　　　　→ il (　　　　　　　　　)　　→ il (　　　　　　　　　)

2. [aller]　　　　→ j'(　　　　　　　　　)　　→ je (　　　　　　　　　)

3. [faire]　　　　→ tu (　　　　　　　　　)　　→ tu (　　　　　　　　　)

4. [sortir]　　　→ nous (　　　　　　　　)　　→ nous (　　　　　　　　)

5. [vouloir]　　→ vous (　　　　　　　　)　　→ vous (　　　　　　　　)

6. [devoir]　　→ j'(　　　　　　　　　)　　→ j'(　　　　　　　　　)

7. [prendre]　→ on (　　　　　　　　　)　　→ on (　　　　　　　　　)

8. [venir]　　　→ ils (　　　　　　　　)　　→ ils (　　　　　　　　)

9. [rester]　　→ elle (　　　　　　　　)　　→ elle (　　　　　　　　)

10. [être]　　　→ tu (　　　　　　　　　)　　→ tu (　　　　　　　　　)

Ⅷ 日本語を参考にして、過去の事実に反する仮定とその結果を表す文を完成させなさい。

Complétez la phrase en utilisant le conditionnel passé.

1. 天気がよかったら、出発していたのに。

S'il (faire) beau, je (partir).

---

2. もっと真面目にやっていれば、試験に合格していたのに。

Si vous (être) plus sérieux, vous (réussir) cet examen.

_____

3. テロがなければ、フランスへ行けたのに。

S'il n'y (avoir) pas l'attentat, on (pouvoir) aller en France.

_____

4. タクシーに乗っていれば、時間に間に合ったのに。

Si j'(prendre) le taxi, je (arriver) à l'heure.

_____

Ⅸ 次の資料を読んで、後の問いに答えなさい。

Lisez le document et répondez aux questions suivantes.

OFFRE D'EMPLOI
Hôtel de Lyon **** cherche

Un responsable réservation (H/F)

CDD* d'un an à temps plein, transformable en CDI*.
38 heures / semaine, 26 jours de congés annuels

Vous êtes dynamique et organisé(e).
Vous êtes titulaire d'un bac + 3**.
Vous parlez couramment l'anglais.
Vous avez une bonne connaissance en informatique.

Merci d'envoyer votre CV et une lettre de motivation avant le 15 février.

---

* CDD : contrat à durée déterminée / CDI : contrat à durée indéterminée
期限付雇用契約 / 期限無し雇用契約（日本での正社員にあたる）
** bac + 3 : バカロレア取得後 3 年

1. Qui est-ce que l'Hôtel de Lyon voudrait embaucher ?

_____

2. Si vous êtes embauché, vous aurez combien de jour de congés par an ?

_____

3. Pour être candidat, quelles sont les qualités souhaitées ? (Répondez par « Il faudrait »)

_____

4. Si vous êtes intéressé(e), que faut-il faire ?

_____

Leçon 10　Les sentiments　さまざまな感情

I 日本語に合うように（　　）内に適する語を入れ、文を完成させなさい。
Complétez les phrases à partir des phrases en japonais.

1. Je vous (　　　　　) (　　　　　　　) tous ce que vous avez fait pour moi pendant mon
   séjour.　　　　　　　　　　　　　滞在中はお世話になりました。

2. Il faut que tu (　　　　　　).　　　　　もう出発しなきゃ。

3. Je t'(　　　　　　).
   じゃあね。（別れに際し、両方の頬にキスをする習慣。手紙の終わりの挨拶としても用いる）

4. Bon (　　　　　　)！　　　　　　　　気をつけて帰ってください。

5. Je n'ai eu (　　　　　) des problèmes.　問題ばかりだったよ。

6. Il faut que tu (　　　　　　) une lettre à l'agence de voyage.
   旅行代理店に手紙を書くべきだよ。

7. Le problème, (　　　　　　) (　　　　　　　) ma mère refuse d'utiliser le smartphone.
   問題は母がスマートフォンを使うのを拒んでいることだよ。

8. Je (　　　　　) suis (　　　　　) avec mon petit ami.　　彼と口論したのよ。

9. J'ai un (　　　　　) à te (　　　　　　), avant que tu ne partes.
   出かける前に君に頼みたいことがあるんだ。

10. Il est (　　　　　) qu'il ait raté son train.　彼は電車に乗り遅れたかもしれない。

II 次の動詞を接続法現在形に活用させなさい。　Conjuguez le verbe au subjonctif présent.

1. arriver　　　2. partir　　　3. faire　　　4. prendre
5. aller　　　　6. pouvoir　　　7. savoir　　　8. venir

III 後に続くふさわしい節を選びなさい。　Complétez les expressions suivantes.

1. Je suis déçue　　　a. que tu ne sois pas là.

　　　　　　　　　　b. que tu n'es pas là.

2. Je suis heureux　　a. que tu viens à cette soirée.

　　　　　　　　　　b. que tu viennes à cette soirée.

3. Je suis surpris   **a.** qu'il ne dit rien.

                                    b. qu'il ne dise rien.

4. J'ai peur   **a.** que vous perdez votre temps.

                                    b. que vous perdiez votre temps.

5. Je regrette   **a.** que nous ne travaillions pas ensemble.

                                    b. que nous ne travaillons pas ensemble.

Ⅳ （　）内の動詞を接続法現在に活用させなさい。　Mettez le verbe au subjonctif présent.

A

1. Sophie voudrait que vous (finir) _____ ce travail pour lundi.

2. J'aimerais qu'on (partir) _____ vers 8 heures.

3. Je suis content que tu (venir) _____ avec moi.

4. Je souhaite qu'elles (passer) _____ un très bon séjour en France.

5. J'ai peur qu'il (oublier) _____ le rendez-vous.

6. Je suis déçu que le spectacle (être annulé) _____ .

7. Nous regrettons que vous (ne pas pouvoir) _____ venir ce soir.

B

1. Il faut que j'(aller) _____ à la banque avant 17 heures.

2. Il faut que tu (savoir) _____ la vérité.

3. C'est dommage qu'il y (avoir) _____ du vent aujourd'hui.

4. Il vaut mieux que nous (prendre) _____ le taxi.

5. Il est possible que son père (ne pas être) _____ d'accord.

6. Il est important que la guerre (être) _____ finie immédiatement.

C

1. Je dois travailler bien que je (être) _____ fatiguée.

2. Elle a téléphoné à son père pour qu'il (venir) _____ la chercher à la gare.

3. Avant que la réunion (commencer) _____ , j'ai eu le temps de boire un café.

4. Nous allons au parc d'attraction, à condition qu'il (faire) _____ beau.

V 適する語句をつなぎ、( ) 内の動詞を接続法現在に書き換えなさい。
Associez les phrases suivantes et complétez les verbes.

1. Je vais faire mon jogging...
2. Je ne veux pas me disputer
   avec lui...
3. Je ferai ce travail...
4. Je t'attends...
5. Parlez plus fort...
6. Je le ferai en secret...

a. pour que nous (pouvoir) _____ vous entendre.
b. sans qu'il le (savoir) _____ .
c. bien qu'il (pleuvoir) _____ .
d. jusqu'à ce que tu (revenir) _____ .
e. de crainte qu'il ne me (quitter) _____ .
f. à condition que j'(avoir) _____ du temps.

VI 適切な方を選びなさい。 Choisissez ce qui est correcte.

1. Je crois qu'
   a. il n'est pas à la maison.
   b. il ne soit pas à la maison.

2. Je ne crois pas qu'
   a. on peut partir demain.
   b. on puisse partir demain.

3. Je ne pense pas qu'
   a. il y a de la place dans ce parking.
   b. il y ait de la place dans ce parking.

4. J'espère que
   a. vous pourrez venir avec nous.
   b. vous puissiez venir avec nous.

5. Je souhaite qu'
   a. elle va bien.
   b. elle aille bien.

6. Je ne suis pas sûre qu'
   a. on sait ce qui s'est passé.
   b. on sache ce qui s'est passé.

VII a-f から適切なものを選び、意味の通る文を完成させなさい。
Complétez les phrases au subjonctif avec l'expression adéquate.

1. qu'il ait oublié notre rendez-vous.

2. que nous puissions finir notre exposé, j'ai travaillé tout le dimanche.

_____

3. qu'elle n'étudie pas beaucoup, elle réussit toujours ses examens.

_____

4. que je fasse le ménage dans ma chambre.

_____

5. qu'il réussisse son bac, je lui offrirai un scooter.

_____

6. qu'il ne pleuve, je vais faire une petite promenade.

_____

> **a.** A condition   **b.** Je m'inquiète   **c.** Il faut   **d.** Pour   **e.** Bien   **f.** Avant

Ⅷ 次の動詞を接続法過去に活用させなさい。　Conjuguez le verbe au subjonctif passé.

1. voir   **2.** partir

Ⅸ （　）内の動詞を接続法過去に活用させなさい。　Mettez le verbe au subjonctif passé.

1. Je suis content que tu (faire) _____ de ton mieux.

2. Je suis surprise qu'ils (divorcer) _____ si tôt.

3. Marie est très triste que son petit chat (mourir) _____ .

4. Je suis déçu que le concert (être annulé) _____ .

5. Je suis heureuse que tu (venir) _____ avec moi.

6. Nous regrettons que vous (ne pas pouvoir) _____ venir hier soir.

7. Il est étonnant que cet écrivain (obtenir) _____ le prix Goncourt.

X さまざまな感情を表す1 ～ 8の語とそれぞれに対応する表現のグループを a)-h) の中から選び
なさい。次にそれらを使って文を作成しなさい。　Associez les mots suivantes (1-8) aux
expressions qui expriment les sentiments (a-h).

1. La joie : _____

2. L'admiration : _____

3. L'intérêt : _____

4. La peur / L'inquiétude : _____

5. La colère : _____

6. La surprise : _____

7. La tristesse : _____

8. La déception : _____

a) Je suis étonné(e). / Ah bon ? / Ça alors ! / C'est incroyable !

b) Ça m'intéresse. / Je suis curieux(*se*).

c) J'ai de la peine. / Je suis triste. / J'ai du chagrin.

d) Je suis vraiment déçu(e). / C'est dommage.

e) Je suis ravi(e). / Je suis content(e). / Je suis enchanté(e).

f) J'ai peur. / Je crains que.... / Je suis terrifié(e)

g) C'est magnifique. / C'est superbe. / Je trouve ça formidable.

h) Je suis en colère. / Je suis énervé(e). / J'en ai marre.